2020
中国体育价值报告

洪成　杨松◎编著

電子工業出版社
Publishing House of Electronics Industry
北京 • BEIJING

内容简介

政府在“十四五”规划中对数字化进行了强调，全面数字化成为中国体育发展的时代主题。在东京奥运会与北京冬奥会日益临近以及体育跨界融合不断深化的背景下，如何构筑数字生态、展现数字化的真正价值，成为中国体育产业持续高速发展的关键所在。

面向体育发展新阶段，腾讯与中国体育报业总社联合发布《2020中国体育价值报告》，通过腾讯、中国体育舆情监测室和尼尔森的大数据支持，以体育赛事、冰雪运动、运动健身、体教融合、体育制造、体育场馆、体育媒体和营销，以及体育+城市、体育+科技、体育+潮流文化、体育+电竞、体育+娱乐等维度，从内在价值和外延价值两个方面，创新描绘中国体育产业价值全貌，全面探讨中国体育的发展之道，决胜数字时代。

图书在版编目（CIP）数据

2020中国体育价值报告 / 洪成，杨松编著. —北京：电子工业出版社，2021.5

ISBN 978-7-121-41129-8

Ⅰ. ①2… Ⅱ. ①洪… ②杨… Ⅲ. ①体育－价值（哲学）－研究报告－中国－2020 Ⅳ. ①G80-05

中国版本图书馆CIP数据核字（2021）第081716号

责任编辑：雷洪勤　　文字编辑：王天一
印　　刷：北京市大天乐投资管理有限公司
装　　订：北京市大天乐投资管理有限公司
出版发行：电子工业出版社
　　　　　北京市海淀区万寿路173信箱　邮编：100036
开　　本：787×1092　1/16　印张：7　字数：156.8千字
版　　次：2021年5月第1版
印　　次：2021年5月第1次印刷
定　　价：98.00元

凡所购买电子工业出版社图书有缺损问题，请向购买书店调换。若书店售缺，请与本社发行部联系，联系及邮购电话：（010）88254888，88258888。

质量投诉请发邮件至zlts@phei.com.cn，盗版侵权举报请发邮件至dbqq@phei.com.cn。

本书咨询联系方式：wangtianyi@phei.com.cn。

前言

自我2004年进入北京体育大学以来，“体育人”的烙印就与我紧密相连，时至今日已倏忽十七年。从毕业到如今，在市场营销领域几经辗转，最终与体育再续前缘。2015年加入腾讯后，先后经历了NBA签约、里约奥运会等重大事件，直至今日以更全面的视角重新审视这个我所热爱并深耕的行业，不由感触良多。

很荣幸有这样一次机会，能够与中国体育报业总社携手推动本项目，打造《2020中国体育价值报告》，以期为体育产业的发展略尽绵薄之力。

我们认为这是一个数字化的时代，在移动互联网与大数据的赋能下，数字已成为一切产业的重要根基。数字化促进体育消费市场潜在优势加速实现，而我国扩大数字体育消费有突出优势。一方面，我们有全球领先的网络应用技术，有极具活力的数字企业和平台，支撑多种形态的数字体育；另一方面，我国具有全球规模最大的线上消费市场，线上市场总规模巨大。因此，数字化创新与服务，将在我国体育消费中发挥主导作用。

与此同时，当前中国体育产业发展过程中数字化的需求与缺失的矛盾也成为行业的痛点。中国体育产业经过多年的起起伏伏，依然有许多潜在的价值亟待我们挖掘。无论是体育产业自身的价值，还是与体育产业相关的其他领域的价值，都是一座座丰厚的宝藏。而基于腾讯、中国体育舆情监测室和尼尔森庞大数据库进行调研、计算，我们将得以基于数字化体育的全方位洞察，从内在价值和外延价值两个方面，重新剖析中国体育产业，更深入地挖掘体育产业的价值。

报告从体育赛事、冰雪运动、运动健身、体教融合、体育制造、体育场馆、体育媒体和体育营销八个方面解析体育产业的内在价值，并结合城市、科技、电竞、娱乐、潮流产业五个维度阐述体育产业的外在价值。全面剖析了当前中国体育的核心价值，提出其中可能存在的潜在问题，并对相关产业未来如何与体育产业相互赋能、共同发展提供了参考。报告还发布了基于腾讯、中国体育舆情监测室和尼尔森大数据得出的中国体育价值榜单，为中国体育的价值研究提供参考借鉴。

希望本书的出版可以为中国体育产业数字化进程略尽绵薄之力。同时更感谢中国体育报业总社、尼尔森、腾讯及各位专家、学者围绕本书的严谨调研与辛勤付出。最后，感谢我的家人和朋友，是你们的支持让我无虑前进；感谢我的领导和同事，正是你们这样优秀的同路人，让我持续进步。作为对中国体育怀有无比热忱与希冀的中国体育人，希望与中国体育领域所有优秀的伙伴并肩作战，集细流而成江河，积跬步而致千里，共同创造中国体育光辉灿烂的明天，决胜数字时代！

洪成
腾讯PCG媒体市场部总经理
2021年4月

序 寒冬过后，就是希望之春

因为2020年年初暴发的新冠肺炎疫情，包括体育产业在内，整个世界都经历了剧烈的动荡。很多之前习以为常的运动、休闲、社交，在一段时间里都变得可望而不可即。

对中国体育产业而言，也从未有哪一年像2020年一样，充满了如此多的意外与挑战。

直到现在，国内的疫情防控还处于常态化状态。种种不利局面下，中国的体育产业受到了不小的挑战，受此影响，其内在价值和外延价值也有了新的表现，其中有一些并不为人所知。

而腾讯与中国体育报业总社共同推出的《2020中国体育价值报告》，正是从内在价值和外延价值两个方面，重新剖析了中国体育产业。

在体育产业的内在价值方面，我们从赛事、冰雪运动、运动健身、体教融合、体育制造、体育场馆、体育媒体和营销这八个方面，展现了中国体育的真正价值，寻找其中可能存在的问题与风险，并且对于相关行业的未来发展趋势，给出了我们的判断。

在体育产业的外延价值方面，我们重点分析了体育产业如何通过自身特点，给城市、科技、电竞、娱乐以及潮流文化等带来全新变化，并且探讨了体育如何与上述产业一起，相互赋能，共同进步。

本书最后还公布了基于腾讯、中国体育舆情监测室和尼尔森庞大数据库进行调研、计算得出的中国体育价值榜，涵盖了对2019—2020年运动员、赛事、场馆等项目的热度排名，可作为我们理解中国体育产业的参考。

2021年3月13日，《中华人民共和国国民经济和社会发展第十四个五年规划和2035年远景目标纲要》正式对外发布，其中共出现14次“体育”、1次“文体”、3次“运动”、5次“健身”等涉及体育内容的字眼，尤以第四十四章第五节——“建设体育强国”段落频率最高。“十四五规划和2035年远景纲要目标”的正式发布，让我们明确了体育的任务和目标，在中国经济持续稳定发展的前提下，中国体育产业无疑拥有极为广阔的发展空间。

在此，向大家分享我们经过调研、分析、总结之后的成果，并希望与中国体育一起，日积跬步，为国人创造更美好的未来。

目录
CONTENTS

1 体育产业的内在价值 1

一、体育赛事篇 2
二、冰雪运动篇 12
三、运动健身篇 19
四、体教融合篇 28
五、体育制造篇 36
六、体育场馆篇 44
七、体育媒体篇 52
八、体育营销篇 61

2 体育产业的外延价值 69

一、体育 + 城市篇 70
二、体育 + 科技篇 78
三、体育 + 电竞篇 82
四、体育 + 娱乐篇 88
五、体育 + 潮流篇 93

3 附录　中国体育价值榜 99

1

体育产业的内在价值

一、体育赛事篇

科技进步加持，体育赛事转向精耕细作

体育赛事是体育产业的核心。在西方发达国家，规模庞大的赛事产业充分体现了这一点。2017年，美国职业体育赛事消费占美国体育产业总价值的18.6%，国内同期这一比例仅为1.9%。

取消商业性和群众性赛事审批后，国内体育赛事行业发展进入快车道。这一点主要表现在以下几个方面：一是产业规模持续扩张。国家统计局发布数据显示，2019年，全国体育产业总规模（总产出）为29483亿元，增加值为11248亿元。二是赛事体系不断完善。三是体育消费持续增长。四是赛事溢出效应不断凸显，经济效益和社会效益显著。

近年来，国内大力推进体育基础设施的现代化改造以及新型场馆建设，同时孕育了一批专业程度较高的体育制作、转播、经纪、营销和媒体公司，从而推动体育赛事向精细化方向发展。

整体看来，目前国内体育赛事行业仍存在规模偏小、区域发展不平衡、赛事运营专业度较低、赛事商业化水平较低等问题。未来随着科技进步和从业人员专业化能力的不断提升，体育赛事必将逐步转向精细化运营，并有着非常可观的成长空间。

职业体育赛事产业链图

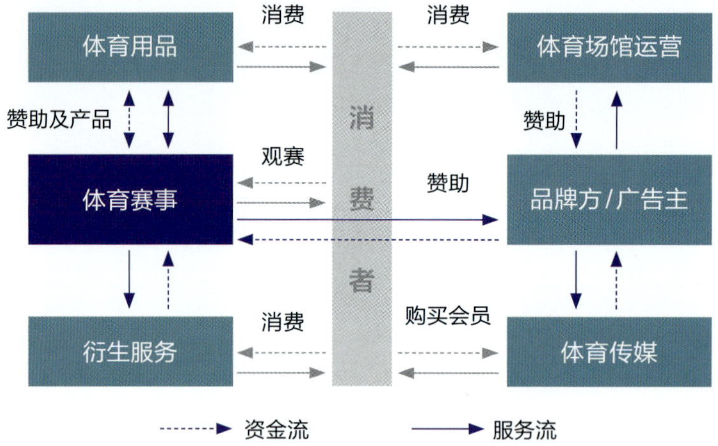

体育用品
消费
消费者
消费
体育场馆运营
赞助及产品
赞助
观赛
体育赛事
赞助
品牌方/广告主
消费
购买会员
衍生服务
体育传媒
资金流
服务流

顶级赛事资源稀缺，头部效应显著

现代生活中，具有强烈竞技性、观赏性的体育赛事有着极大的社会影响力，人们熟知的奥运会、世界杯等赛事，汇聚各国最高水平运动员同场竞技，场上充满未知与刺激，吸引着来自全球的观众。

国际顶级体育赛事作为稀缺资源，在获得巨大流量的同时，也赢得大量品牌赞助，展现出巨大的商业价值。目前，足球、橄榄球、篮球、棒球是全球范围内综合收入较高的体育赛事项目。

若按照体育联盟来计算收益，美国国家橄榄球联盟（NFL）占据最具价值榜单首位，收入高达114亿欧元。其次是美国职棒大联盟，商业收入98亿欧元。排在第三位的是美国职业篮球联赛（NBA），收入77亿欧元。排在第四、五位的分别是英格兰足球超级联赛（EPL）、美国国家冰球联盟（NHL），总收入分别为60亿欧元、46亿欧元。西甲、德甲、欧冠、意甲等联赛分别排名第六到第九位。

综合来看，橄榄球、棒球、足球和篮球赛事占据了前十名的多数席位。

2020年受新冠肺炎疫情影响，很多体育赛事或停摆或延期，对产业造成较大影响。原计划于2020年举办的东京奥运会推迟至2021年举办，造成日本直接经济损失约60亿美元。

在国内，以英超、NBA等为代表的国外顶级赛事，仍具有极强的影响力和商业价值，相较之下，中国还缺乏具有重大国际影响力的自主赛事，以目前国内体育赛事的行业氛围和商业化水平，还远谈不上高度商业化。

除了传统的竞技体育项目，近年来，拥有众多年轻用户的电竞等新兴体育项目也开始崭露头角，相关赛事数量亦逐年增加。

根据游戏业务全球市场研究及预测分析供应商Newzoo统计，2020年电竞产业收入达到9.5亿美元。Newzoo预计2021年电竞产业收入将增至10.8亿美元，年增长率为14.5%。其中，6.41亿美元将来自赞助，占比59.3%；第二大收入来自媒体版权售卖，将达到1.92亿美元，占比17.8%；周边商品和票务为第三大收入来源，将达到1.26亿美元。

2020年体育联盟收入TOP10 **单位：亿欧元**

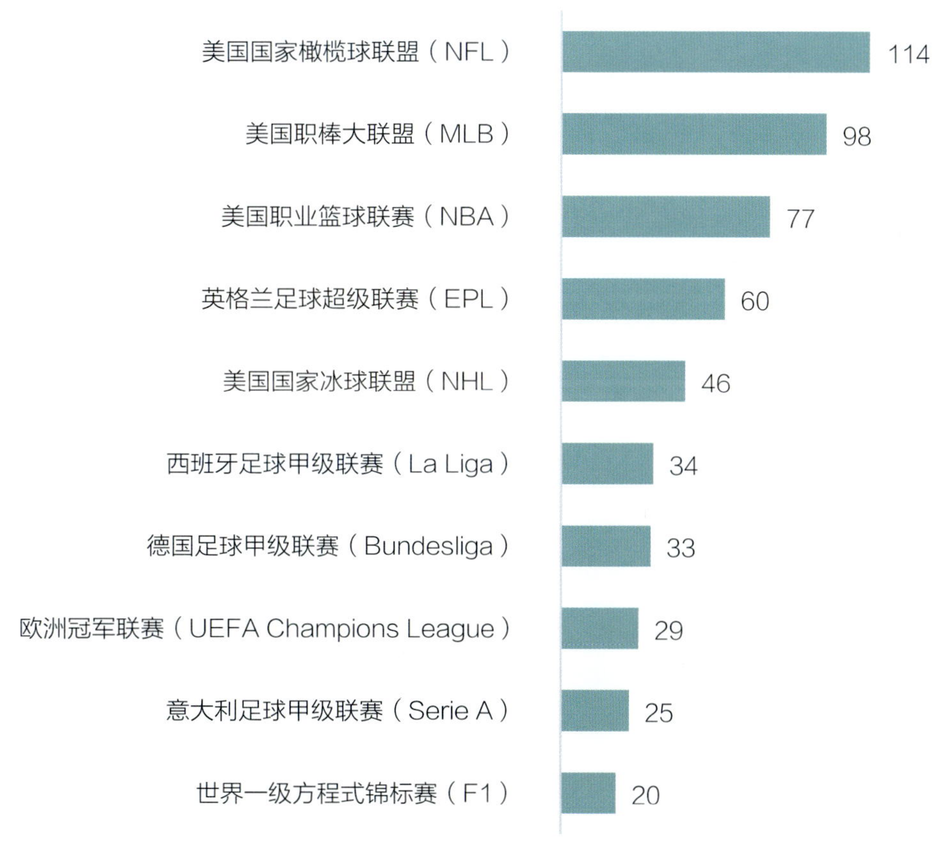

数据来源：维基百科基于多方数据整理

全球头部赛事吸引更多话题，国内运动项目更多元化

头部赛事话题性更强

在国内，头部赛事吸引了用户更多话题，70%的话题热度集中在14%的头部赛事中。

社交媒体大数据显示，头部体育职业赛事社交媒体声量Top10中，绝大部分为国际赛事。社交媒体关注度最高的是NBA，声量达1991万条，占比38%，远超其他赛事。排在第二位的是英超，声量为478万条，占比9%。中超排名第三，声量为246万条。前三位累计声量达52%，这表明头部赛事占据了绝对流量，且差距并没有缩小的趋势。

国内赛事开始获得更多关注和曝光声量，中超和CBA均进入榜单前10，但总占比仍较低。

新兴赛事展现新潮流

新兴的电竞赛事发展迅速，渗透率已经达到24%，其中23～35岁人群受众的比例为65%，明显更受年轻人喜爱。2020年新冠肺炎疫情席卷全球，电竞成为少数可以持续输出内容的体育赛事，观赛人数与观赛时长逆势增长。据尼尔森体育统计，2020年中国电竞用户突破4亿，放眼全球，2020年中国电竞总营收将首次超过北美，约占全球总收入的35%。

攀岩、滑板、冲浪、橄榄球等国内新兴的运动项目，更符合潮流时尚，更受年轻人欢迎。调研数据显示，此类项目在18～30岁人群中的渗透率明显高于30岁以上人群。

民间赛事呈爆发性增长

2014年国家放开赛事审批权以来，民间赛事种类、场次呈爆发性增长。以马拉松为例，2019年国内举办马拉松规模赛事1828场，而2014年仅51场。

尼尔森2020体育消费调查分析显示，用户关注的体育赛事项目中，篮球和足球最受欢迎，渗透率分别为60%和55%，这意味着超过半数的体育人群都经常观看篮球和足球赛事。羽毛球、游泳、网球、乒乓球渗透率在22%～28%。赛车、排球、田径、体操等项目的渗透率则在13%～19%。

中国体育受众也开始关注一些之前相对小众的赛事项目，如冰雪、冲浪、攀岩、滑板等，渗透率在3%～4%。

2019—2020年体育职业赛事社交媒体声量

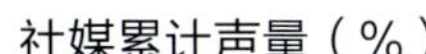

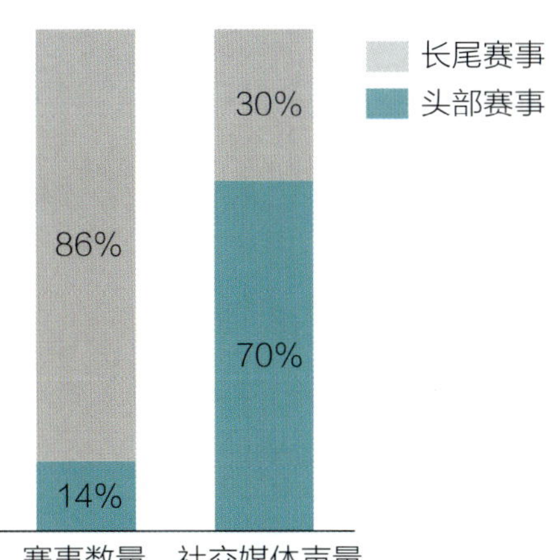

数据来源：社交媒体大数据

2019—2020年头部体育职业赛事社交媒体声量

排名	体育赛事	社交媒体声量（万条）	社交媒体声量占比	社交媒体声量累计百分比
1	美国职业篮球联赛（NBA）	19918503	38%	38%
2	英格兰足球超级联赛（英超）	4784096	9%	48%
3	中国足球协会超级联赛（中超）	2461895	5%	52%
4	欧洲冠军联赛（欧冠）	2031822	4%	56%
5	澳大利亚网球公开赛（澳网）	2005548	4%	60%
6	终极格斗锦标赛（UFC）	1204418	2%	62%
7	德国足球甲级联赛（德甲）	1122324	2%	65%
8	意大利足球甲级联赛（意甲）	995914	2%	67%
9	中国男子篮球职业联赛（CBA）	829354	2%	68%
10	温布尔登网球公开赛（温网）	802591	2%	70%

用户与赛事捆绑更加紧密，女性受众比例开始上升

性别结构破冰，地域分布下沉

腾讯体育2019年《NBA内容生态白皮书》显示，2019年的NBA受众中，男性仍是主力，占比高达79%，女性用户数量扩充，比例上升到18%，未知占比为3%，性别坚冰开始消融，篮球赛事用户的性别差异正在缩小。

年轻人是NBA的受众主力，29岁及以下的用户总数占比达58% 。

用户地域分布下沉已成为趋势，在三线及以下城市里，NBA用户总数占比达65%，但在会员总数上，北京、上海、广州、深圳等一线城市仍占据主流位置。

赛事消费热情高涨

丰富的观赛形式和赛事衍生品，给用户带来了精彩的全链路赛事体验。用户可以现场观赛或者购买会员卡，享受身临其

2019年NBA用户画像

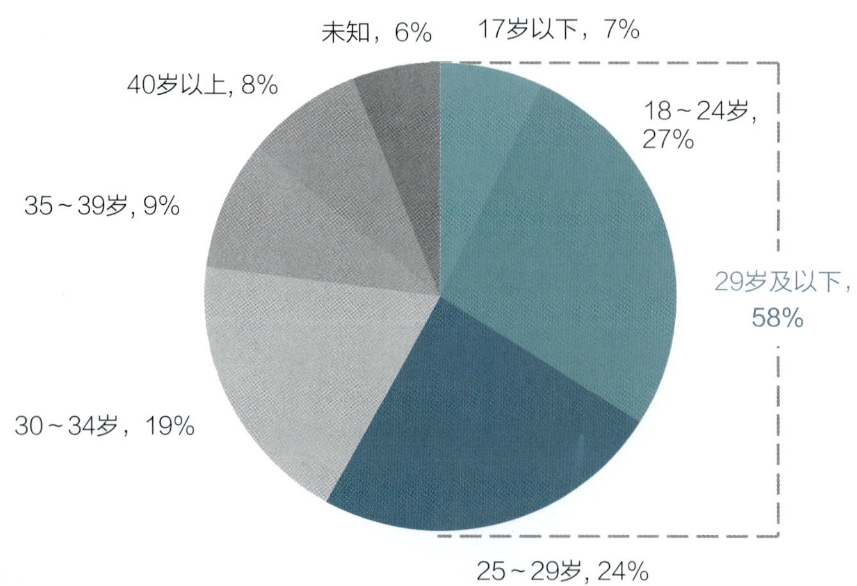

数据来源：腾讯体育2019NBA内容生态白皮书

境的观赛体验，也会购买心爱俱乐部或明星的球衣，更有狂热者参加各种应援活动或收藏周边特许产品，表达对俱乐部或明星的忠诚与支持，种种形式，让用户与赛事捆绑得更加紧密。

尼尔森2020体育消费调查数据显示，2019年经常观看赛事并有过相关消费行为的受众中，超过60%总体花费超1000元，平均每人花费高达1574元。

其中，73%的用户购买过与体育IP相关的服装、鞋、帽、包等产品，56%的用户购买过与体育IP相关的公仔、挂件、手环、手办等装饰品，超过40%的用户曾现场购票观赛或购买体育视频会员观赛，另外，还有近30%的用户购买过体育赛事IP相关的应援产品、传记书籍或签名款产品等周边。

国内体育消费拥有庞大的基数规模、优质的消费者结构，加之受众对品牌赞助体育赛事行为的正面观感，这些因素集合到一起，构成了一个优质的市场机会。

2019年与体育赛事相关的消费金额 **样本量*N*=844**

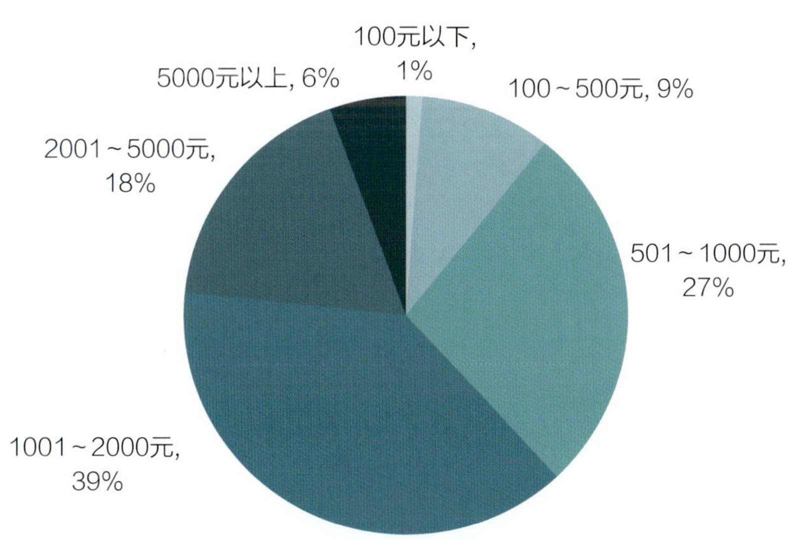

数据来源：尼尔森2020年体育消费调查分析

技术创新愈发重要，版权运营愈发精细，体娱融合渐成趋势

趋势1：技术创新提升用户观赛体验，提高内容生产效率

5G+4K/8K+XR+多视角

2019年乒乓球男子世界杯采用了5G+4K+VR以及多视角任意切换技术等直播黑科技，打破了传统直播的单一模式，为用户提供了全新的观赛体验。其提供的四个视角包括运动员视角、周边视角、自由视角以及全景4K视角，用户可以随时切换视角，掌握场馆每处角落的细微画面，不错过每个精彩瞬间。

AI机器人创作

“精彩瞬间”的传统制作方式耗时耗力，人工智能视觉深度学习平台处理直播赛事，20秒即可生成1分钟集锦，AI虚拟主持人可以实现快速播报，大大提升了赛事内容的生产效率。

赛事数据实时呈现

在直播中运用3D运动员跟踪技术，利用AI实时捕捉运动员数据，让观众实时直观感受运动员在场上的表现，提升观赛的沉浸感体验。同时，这些数据还可以用于运动员赛后的训练改善。

趋势2：版权运营精细化

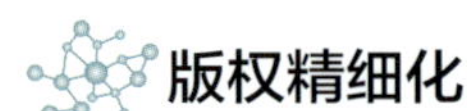

版权精细化

越来越多的赛事正在采取版权精细化运营策略。一类是版权方将不同版本的版权如VR、4K、OTT、IPTV、短视频版权分销给不同媒体平台，增强赛事IP的影响力；另一类是内容形式的细化，除了赛事直播外，版权方将官方集锦、赛事点播、精彩花絮等不同形式的内容版权分销至媒体平台。

版权价值延展

体育赛事版权方尝试将其价值延展到多个领域，如授权游戏开发、联合出品体育综艺节目，甚至与电商平台合作开创具有体育属性的节目，最大程度挖掘IP的深度商业价值。例如美国艺电公司出品的系列游戏《FIFA》在全球范围内都颇受欢迎。

趋势3：体娱融合扩展赛事受众

如何吸引年轻用户和泛体育用户，是传统赛事的新课题。为此，大量赛事尝试借助娱乐明星的流量效应来带动赛事受众覆盖面的扩大。一些体育赛事邀请娱乐明

星代言，或者邀请娱乐明星进入直播间，担任赛事解说嘉宾，吸引更多年轻用户和泛体育用户的关注。

明星与赛事相互成就

为了让体育和娱乐深度融合，也有赛事邀请明星作为队员直接参与赛事，形成特色。以腾讯体育为例，其打造了《超级企鹅联盟》《超新星运动会》等多款体育综艺节目。2020年，129位艺人参与了《超新星运动会》中射箭、田径、游泳、篮球及电竞等项目的比拼，很多原本的娱乐粉丝由此开始关注体育。

二、冰雪运动篇

中国冰雪产业发展现状

2015年7月31日，北京携手张家口申办2022年冬奥会成功，北京由此成为奥运历史上首座“双奥之城”。随着冬奥会的临近，国家相关部门不断出台利好政策，推动中国冰雪产业步入快速发展阶段。

冰雪基础设施不断完善

旨在普及冰雪运动，国家在近年来持续实施冰雪运动“南展西扩东进”战略，让冰雪运动从北方走向全国各地，从冬季扩展至一年四季。

由国务院发展研究中心国研经济研究院、吉林省文化和旅游厅发起和组织，国研经济研究院中国冰雪经济研究中心牵头，与国内权威冰雪机构共同编制的《中国冰雪经济发展报告（2020）》指出，国内冰雪场地设施数量在过去几年中迅速增长，“南展西扩东进”战略成效显著。近五年来，全国标准滑冰场馆数量由157家增长至388家，滑雪场数量也从568座增长至770座，广泛分布于全国各地。

冰雪旅游逐步升温

冰雪基础设施的建设与完善，也极大地促进了中国冰雪旅游行业的发展。中国旅游研究院发布的《中国冰雪旅游发展报告（2020）》显示，我国参与冰雪旅游的人数逐年增长，61.5%的国民有参与冰雪旅游的经历。2018—2019年冬季，我国冰雪旅游人数达2.24亿人次。这是我国单个冰雪季冰雪旅游人数首次超过2亿人次。冰雪旅游总收入约为3860亿元，人均消费为1734元，是国内旅游人均消费的1.87倍。近年来，国民已经逐步开始将冰雪旅游视作一种生活方式。

冰雪运动参与回温

中国人民大学发布的2020年度《全国冰雪运动参与状况调查》显示，2019—2020年冬季，中国大约有1.5亿人参与过冰雪运动。

冰雪运动的参与度在2019—2020年冬季因新冠肺炎疫情受到了短期的影响。

据中国人民大学发布的2020年《全国冰雪运动参与状况调查》显示，50.6%曾经参与过冰雪运动的人取消了相关计划。但随着中国对疫情的有效控制，更多人开始重新参与到冰雪运动中去，冰雪运动也继续呈现良好发展势头。

中国冰雪人群基本特征

冬奥会认知度不断提升

2022年，北京将于14年后再一次举办全球瞩目的奥运赛事，区别在于赛事类型从夏奥会转变为了冬奥会。

据尼尔森调研数据显示，近年来，国民对于冬奥会的认知度和兴趣程度逐步提升。截至2020年底，大众对于冬奥会的认知度略低于夏奥会，但几乎与其持平。在兴趣程度方面，国民对夏奥会的热情仍高于冬奥会。

冰雪人群基本分布

2020年尼尔森粉丝洞察数据显示，国内对冰雪运动感兴趣的人数多达1.85亿。从性别分布来看，男性占比为45%，女性占比为55%。从年龄分布来看，冰雪人群主要集中在25岁以下的年轻群体。

中国冰雪人群最常使用的社交媒体平台依次为微信、抖音、新浪微博、QQ和百度贴吧。

尼尔森粉丝洞察数据显示，冰雪人群主要分布于全国一、二线城市。近年来，对冰雪运动感兴趣的人数在北京、上海、深圳等一线城市逐步增多。

冰雪作为娱乐选择

中国人民大学发布的2020年度《全国冰雪运动参与状况调查》显示，国民参与冰雪运动的主要目的是休闲娱乐（45%）；第二大目的是个人身体健康（23%）；排名第三的目的是缓解生活压力（18%）。报告同时指出，“附近缺乏冰雪运动设施”是限制民众参与冰雪运动的首要因素。

夏奥会和冬奥会的认知度与兴趣程度比较

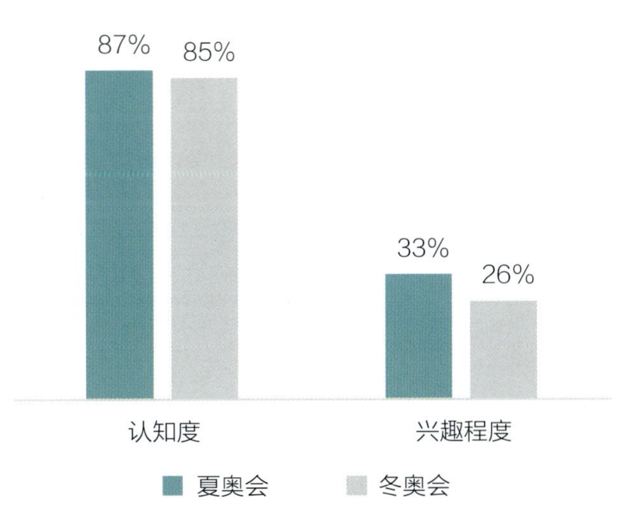

冰雪人群性别分布

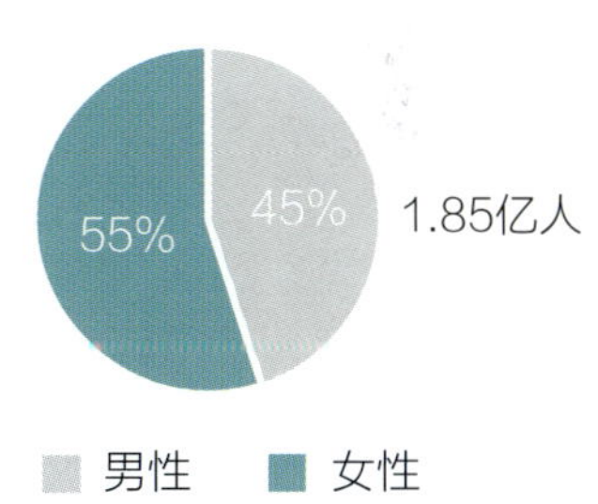

冰雪人群最常使用的社交媒体平台

排名	社交媒体平台
1	微信
2	抖音
3	微博
4	QQ
5	百度贴吧

数据来源：2020年尼尔森粉丝洞察

冰雪赛事助力商业发展

冬奥会赞助热潮

继成功举办2008年夏奥会之后，中国再次圆了奥运梦，北京也将成为历史上第一个既举办夏奥会又举办冬奥会的城市。在吸引商业赞助方面，2022年北京冬奥会自然也具有得天独厚的优势。

作为加快品牌建设、增强竞争优势的宝贵机遇，北京2022年冬奥会对于全国各大行业的企业具有极大的吸引力。截至目前，北京2022年冬奥会组委已成功签约近40家赞助企业。

北京2022年冬奥会的赞助层级共分为四级，依次为：官方合作伙伴、官方赞助商、官方独家供应商和官方供应商。

据2020年尼尔森粉丝洞察数据显示，在第一和第二赞助层级中，伊利在国内赞助认知度最高。青岛啤酒、中国银行、安踏和中国石油的冬奥赞助认知度分居第二位至第五位。

排名第一的伊利与第二位的差距为

北京2022年冬奥会 | 合作伙伴和赞助商－认知度排名

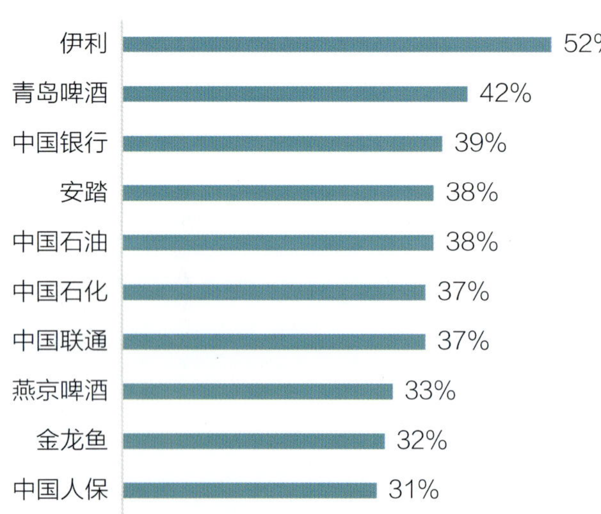

数据来源：2020年尼尔森粉丝洞察

2020最受关注冬奥会项目

排名	比赛项目
1	冰球
2	花样滑冰
3	短道速滑
4	自由式滑雪
5	冰壶

数据来源：中国体育舆情监测室
统计周期：2020年1月1日至2020年12月31日

10%。其余品牌相互之间的赞助认知度差异皆小于5%。

冬奥会项目热度

北京2022年冬奥会共设有7个大项、15个分项和109个小项。中国体育舆情监测室的统计显示，在冬奥会的15个分项中，大众最感兴趣的5个项目依次为冰球、花样滑冰、短道速滑、自由式滑雪和冰壶。

中国从1980年开始参加冬奥会，至今获得了62枚奖牌，其中金牌13枚。中国在冬奥会的短道速滑项目中取得了最多的金牌数（10）和奖牌数（33）。

冰雪教育对于中国冰雪产业的可持续性发展尤为关键

中共中央办公厅、国务院办公厅印发的《关于以2022年北京冬奥会为契机大力发展冰雪运动的意见》中提到，推动全国中小学校将冰雪运动知识教育纳入学校体育课教学内容，制订并实施冰雪运动教学计划。

国家对于青少年冰雪运动的高度重视

体现出冰雪教育对于行业长期发展的重要性。在《冰雪运动发展规划（2016—2025年）》中，国家体育总局、发展改革委等4部门联合提出推行“百万青少年上冰雪”和“校园冰雪计划”，促进青少年冰雪运动的普及发展。

相关政策指出，要推动全国中小学将冰雪运动知识教育纳入学校体育课教学内容，制订并实施冰雪运动教学计划。冰雪基础设施的建设对于此环节十分重要，因为场地设施建设是冰雪教育得以顺利开展的基础。在政府的支持下，国内有越来越多的中小学在校园中建立了冰场。

与此同时，相关政策指出，需加强青少年冰雪运动相关组织建设，为青少年参与冰雪运动提供更好的培训和指导。“校园冰雪计划”将从校内和校外同时推进中国冰雪运动培训行业的发展。在北京、上海等一线城市，青少年冰雪运动相关组织已具有一定规模。

从可持续发展的观点来看，中国冰雪产业应长期专注于冰雪教育的开展以及冰雪基础设施的完善。这两大方向的稳定发展将会极大带动冰雪赛事、冰雪装备和冰雪旅游等冰雪相关行业的成长和整体表现。

即将举办的2022年北京冬奥会推动着冰雪产业在中国的高速发展。国家相关政策的鼓励和各地方政府的大力支持使得冰雪行业已然成为朝阳产业。

如今，得益于冰雪基础设施的完善和冰雪运动的推广，越来越多的民众可以参与到冰雪运动中，感受冰雪运动带来的快乐。

三、运动健身篇

运动健身人群规模化，形成巨大商业价值

宇博智业《2019—2024年中国健身房行业市场需求与投资咨询报告》显示，2017年国内健身会员数量增至近900万人，同比增长14.97%，健身会员的年龄结构出现较大变化：25 ~ 29岁、36 ~ 40岁年龄段的用户有较大增长，健身会员的整体年龄分布更加分散。

目前中国的健身行业还是以线下培训为主，线上教学为辅，运动场馆和健身房配套的线下运动培训课程以及健身用品、饮食、设备构成了生态圈，并且衍生了体育赛事、体育娱乐、社交等其他服务。

对用户运动健身过程产生的实时数据进行采集、打造“更懂你”的智能健身硬件越来越风靡。此外，由于新冠肺炎疫情的影响，居家健身越来越普遍，运动场景也在向多元化方向发展。

运动健身产业链图

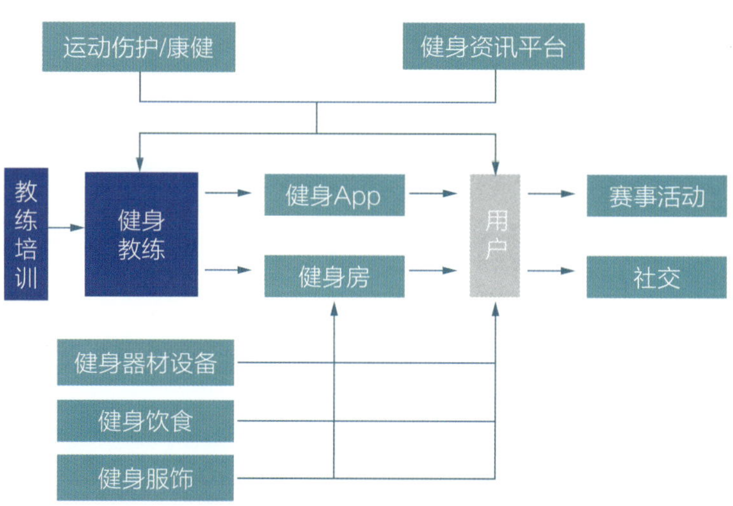

健康和审美是大众健身的主要诉求

运动健身具有健康与社交双重属性，在现代生活中占据重要地位。调查显示，跑步、登山、徒步是目前国人最喜欢参与的非球类健身运动，跑步因其门槛较低、对场地要求不高的特点，成为人们运动健身的首选。

相较之下，钓鱼、滑冰、滑雪、射箭因为有更高的技术门槛，对支出也有更高要求，运动人群相对更小。广场舞、太极拳受年龄影响较大，在中老年人群中更受推崇。

社交媒体的普及，加之垂直健身平台的社交属性拓展，用户已经形成健身+线上社交的习惯。

有57%的人通过QQ、微信的运动健身群聊与好友进行交流；47%的用户通过运动App中的社群功能进行交流；不到40%的人通过参加线下培训与活动，或者知乎、贴吧等社交媒体与同伴进行交流。

日常运动健身中，“减脂”成为绝对的健身热点话题，占据社交媒体健身热词榜首。此外，“马甲线”“体脂率”等健身关注点也是健身人群日常讨论交流的话题。

这也表明，减肥塑身目前是国内健身人群的主要诉求，这是社会发展到一定阶段的必然。当温饱问题早已解决，追求健康和审美必然会成为大众诉求，未来这样的诉求也会向更高的方向发展。

大众平时喜欢参与的健身运动（非球类） 样本量N=1288

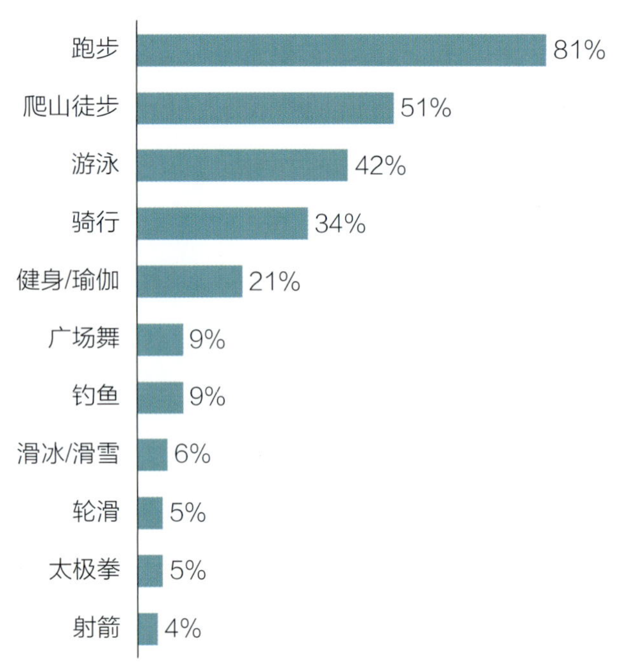

数据来源：尼尔森2020体育消费调查分析

健身热词社交媒体声量TOP10

排名	健身热词
1	减脂
2	马甲线
3	体脂率
4	蜜桃臀
5	卷腹
6	人鱼线
7	A4腰
8	天蝎腹
9	公狗腰
10	心形肩

数据来源：社交媒体大数据

政策催生健身热潮，健身产业进入稳定发展阶段

国务院印发的《全民健身计划（2016—2020年）》提出，到2020年，每周参加1次及以上体育锻炼的人数达到7亿。统计数据显示，我国健身俱乐部市场价值2015年以来一直保持较高增长，2019年中国健身市场产值已达1110亿元。

国家统计局发布数据显示，2019年体育健身休闲活动保持了近年来的高位增长，增加值现价增长速度达到74.4%。

随着近年来健身热潮的兴起和专业健身指导需求的增加，预计运动健身行业产值将持续增长。

从健身俱乐部和健身工作室的数量来看：健身俱乐部金吉鸟、英派斯健身、动岚健身，健身工作室中田健身、乐刻、快快智能健身的门店数量均超过150家。

资本大量投入健身市场，在快速扩张的同时，也造成了市场人才紧缺，教练上岗门槛降低，专业程度逐渐下降，重销售轻服务等现象不断出现，导致后期产生一些问题。在未来，付出高昂成本经营场馆、靠低价促销留存会员的方式最终会被淘汰。

2020年中国健身俱乐部及健身工作室店面数量（个）

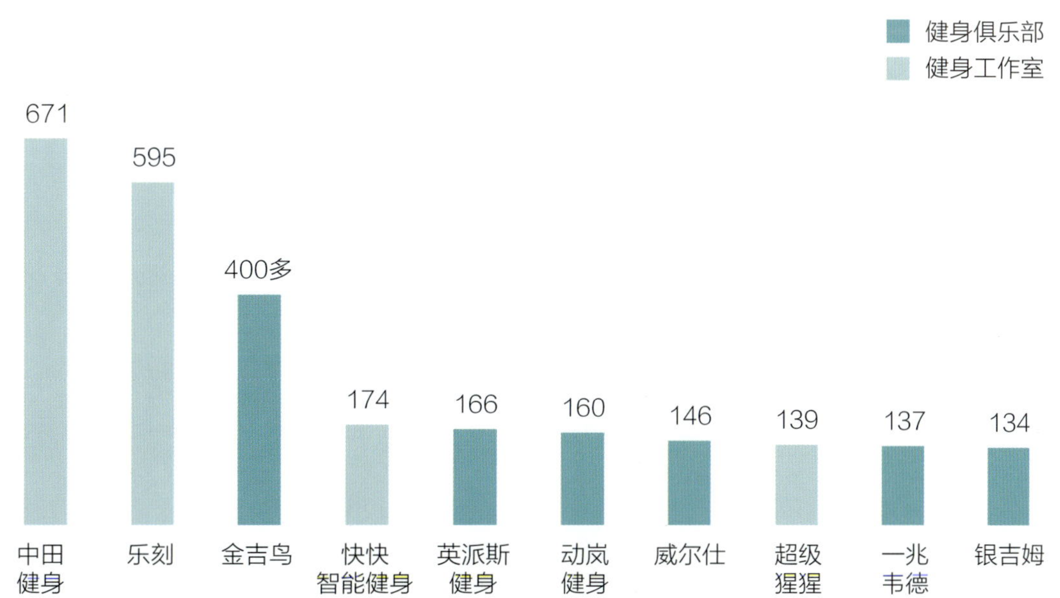

数据来源：三体运动数据中心《2020中国健身行业数据报告》

居家健身意愿提升，场馆需具备专业服务能力

专业健身人群更重视健康

消费升级在健身生活上的体现，在于人们对于健身场所的选择有了分化。51%的人选择专业性强的健身场馆进行运动健身，这部分人多数是专业健身人群，对健康更为重视。

2020年受疫情影响，有21%的人选择在家里或宿舍进行运动健身，这一比例较以往更高。

上班族想找大块时间并不容易。阅读、运动这些需要投入长时间注意力的活动逐渐被碎片化娱乐蚕食，年轻人越来越没有耐心，也越来越难以专注。在用户注意力有限的情况下，短小丰富的训练内容可以不断调动用户注意力，课程体验会更为良好。

用户重视科技带来的效率提升

在专业体育场馆健身的人，67%的人普遍要求场馆提供智能化的健身设备与健身设施；63%的人希望场馆提供健身过程

中的动态数据与规划建议，来辅助提升运动效率，其中女性对此的要求更高；54%的人希望场馆提供轻食代餐或运动营养补充等零食服务，以提升运动效果，其中女性对此的需求相比男性更为明显（TGI指数109）。

TGI（Target Group Index）指数，是反映目标群体在特定研究范围内的强势或弱势的指数。TGI指数等于100表示平均水平，高于100，代表该类用户对某类问题的关注程度高于整体水平。

大众对专业运动场馆的服务仍有较大期望，对于提升运动效率、获取运动数据与规划建议都有很高的要求，更加信任运动场馆，期望场馆可以提供涉及运动健身相关的各类产品，包括器材、餐饮与相关配套产品，这些都表明，越来越多的人开始重视科技带来的效率提升。

此外，女性在运动健身方面的诉求越来越强烈，女性对健身服务的要求也更加高。

大众参与运动健身的运动场景 **样本量*N*=1288**

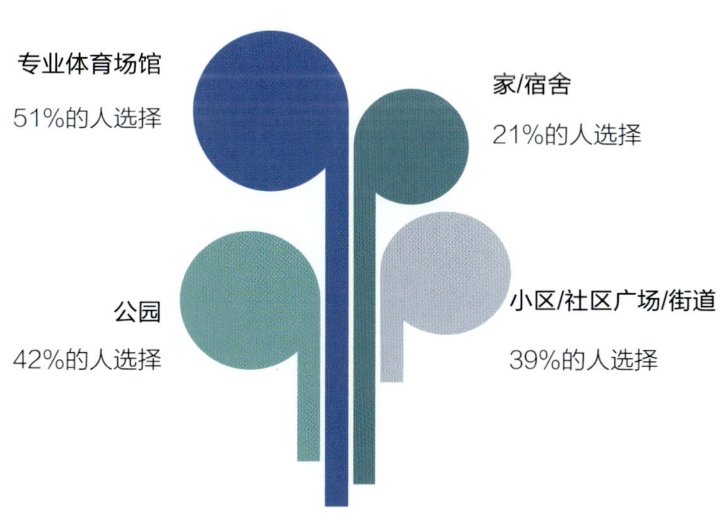

数据来源：尼尔森2020体育消费调查分析

大众在专业场馆期望的服务 **样本量N=518**

服务	比例
提供智能化健身设施/设备	67%
提供健身过程中的动态数据和规划建议	63%（女性TGI指数为108）
提供轻食代餐/运动营养补充等零食服务	54%（女性TGI指数为109）
销售健身运动相关产品	34%

“从TGI指数可以看出，女性对服务要求更强烈”

数据来源：尼尔森2020体育消费调查分析

多元场景下数字科技的全面应用

趋势1：创建多元健身场景

社区 / 工作 / 差旅健身场景

为满足大众的健身需求，越来越多的社区、公司与酒店开始配备迷你健身房等健身设备，为出差在外或时间不宽裕的消费者提供专业健身场所，使其能随时随地健身。

新冠肺炎疫情激发家庭健身场景

新冠肺炎疫情下，软件与硬件结合，硬件帮助完成健身训练，软件可以查看个人运动记录与健身进度，提供课程指导服务，提高个人健身效率，还可邀请他人一起参与，提升互动体验。

趋势2：产品 / 服务社交化

智能硬件与线上社交

社交媒体的普及，使得健身平台的社交属性得以拓展，用户已经形成健身+线上社交的习惯。

智能硬件通过蓝牙连接线上竞技游戏平台，即可体验一场身临其境的室内健身比赛。

趋势 3：数字化赋能个性体验

智能数据分析

数字科技加持专业运动设备，健身设备中内置传感器与实时语音指导，以便快速识别与纠正运动者体态问题，防止错误练习对身体造成伤害。

运动图像识别技术，以AI视觉识别技术帮助矫正动态动作，以提高运动专业性与安全性。

AI+ 私人教练

健身训练屏幕——利用3D运动捕捉系统和AI技术，在锻炼时分析人体的25个基本关节，并实时传输给另一端的AI智能教练，教练根据此数据提供易于理解的反馈，以及更加丰富有效的锻炼指导。

趋势 4：OMO拓展健身边界

打通 OMO 整体布局

在健身领域，无论是传统健身场馆还是在线健身App，都在尝试打通线上、线下运动健身场景，通过多渠道、多角度为用户提供健身服务，提高服务效率，提升用户体验。

新冠肺炎疫情影响下，传统健身场馆将健身单车与直播间结合，健身单车配合显示屏，健身者可以看到自己的运动记录，教练端可以通过直播实时为用户提供指导。

任天堂开发出的健身游戏，采用闯关模式，增加健身趣味性，在关卡中需要按标准完成指定动作，实现娱乐健身。这种与游戏相结合的轻健身模式，更符合年轻用户对趣味性的需求。

四、体教融合篇

体育教育行业逐渐向上下游拓展和延伸

青少年体育教育业是体育产业的重要组成部分，能有效培养体育人口，同时带动其他体育业态的发展。

政府高度重视青少年体育教育，不断改革，地方政府积极响应。2020年9月，国家体育总局、教育部联合印发了《关于深化体教融合 促进青少年健康发展的意见》，鼓励青少年体育发展。

伴随着政策红利和逐渐旺盛的市场需求，大量社会资本投身体育培训蓝海，逐渐形成政府、社会与市场多元参与的发展格局。

截至目前，青少年体育教育在我国已有十余年的历程，整体体量已经有了一定的规模，并且成长极快，但是由于太过分散，头部机构不突出，大众对体育教育行业的整体认知仍有较大提升空间。

即使如此，围绕青少年体育教育，依然可以撬动上下游诸多产业，譬如装备供应、场地提供、器材需求以及伴随青训而产生的大量青少年赛事、训练营等，整个产业的上下游都参与在内。当单个训练机构发展到一定地步、需要扩大规模时，不可避免需要借助投资机构的力量，直接促进了体育产业的发展。

青少年体育教育产业链图

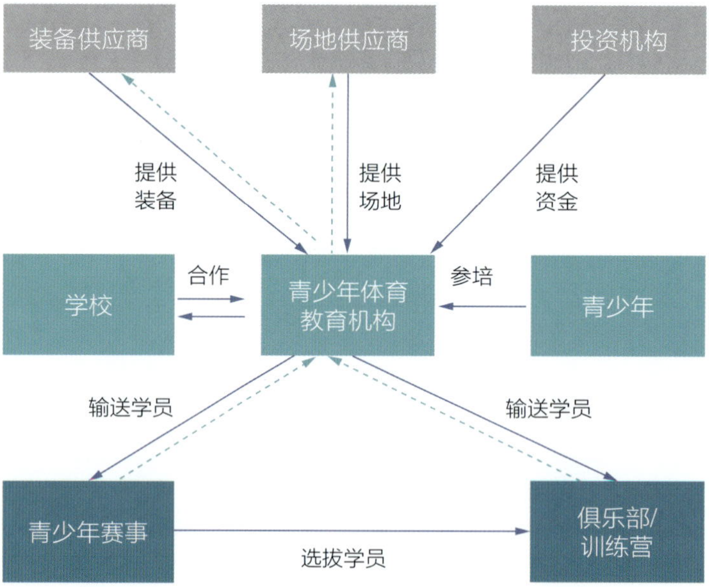

注：- -➔ 表示青少年体育教育机构向产业上下游延伸和扩展

家庭收入决定体育教育投入，体育逐年增加分值助推发展

青少年参培比例高，花费金额大

青少年是国家的未来和民族的希望，促进青少年健康也是实施健康中国战略的重要内容，目前也有越来越多的人意识到了青少年体育发展的重要性与必要性。

腾讯2020体育培训调查研究显示，2019年国内青少年家长给孩子报体育培训班的比例为24%，一、二线城市参与体育培训的青少年比例高于三线城市，收入高、家长受教育程度高的家庭，孩子参与体育培训的比例相对更高。

家长在孩子教育上越来越舍得花钱，这一点在体育教育上也有体现。调研数据显示，国内家长给孩子报体育培训班的平均花费为3590元/年。

热门运动项目仍是体育教育主流

从培训项目看，现阶段比较流行、参与度较高的青少年体育培训项目为球类、游泳等大众项目，这与此类项目在国内开展情况较好有关。家长为孩子选取体育教育机构时，自己是否对项目有简单了解、接触是主要原因，此外球类运动可以培养孩子的团队精神、竞争精神，也是家长的考虑因素之一。

同时，在一线发达城市，许多小众培训项目也正逐渐兴起。小众体育项目因在入门阶段需要相对专业的引导，使得体育培训有了宝贵的发展机会。

提高身体素质，缓解课业压力

从培训动机来看，受访家庭表示，提高身体素质是最主要目的，比例达62%。其次，有44%的家长认为培养孩子的兴趣爱好是给孩子报培训班的目的。仅有小部分家长将体育培训当作升学或职业方向。

随着体教融合的不断推进，教育部门明确指出体育要逐年增加分值，目前云南、广东等省份先后进行了中考体育改革，未来其他省市也很可能跟进，体育在教育系统中的地位愈发重要。

伴随一系列改革，通过参与体育教育让孩子在考试中占据一定优势，也会成为家长为孩子选择体育教育时的重要考量。

2020年青少年体育培训渗透率 样本量N=8319

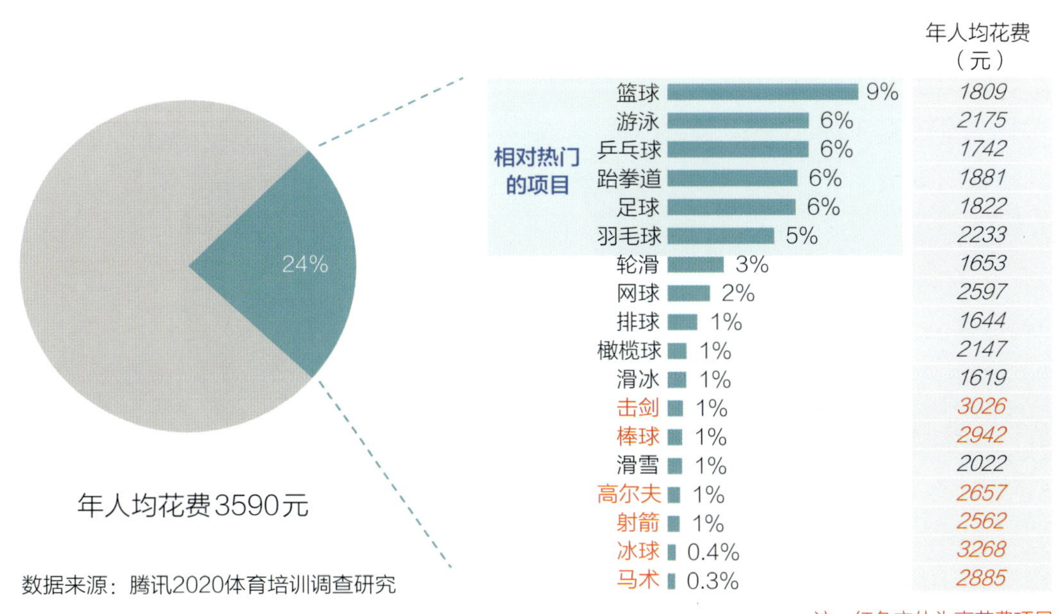

数据来源：腾讯2020体育培训调查研究

行业发展尚不成熟，发展潜力巨大

青少年体育教育市场，不论从政策、市场需求，还是资本市场层面，都在不断升温，行业细分龙头逐渐凸显，并且在当前宏观经济环境背景下，越来越受到资本的追捧，融资数量、单笔融资金额均屡创新高。

据不完全统计数据，2015—2019年五年间，国内青少年体育教育领域共发生融资事件45起，其中篮球、足球、冰雪运动领域的融资事件最多，占比分别为18%、15%和12%。这意味着篮球、足球和冰雪运动成为潜在商业价值最被看好的三个领域。

在发展过程中，青少年体育教育行业仍面临诸多问题，如房租持续攀高，成本飞涨；入行门槛低，竞争激烈，获客成本

2015—2019年青少年体育教育领域投融资事件分布

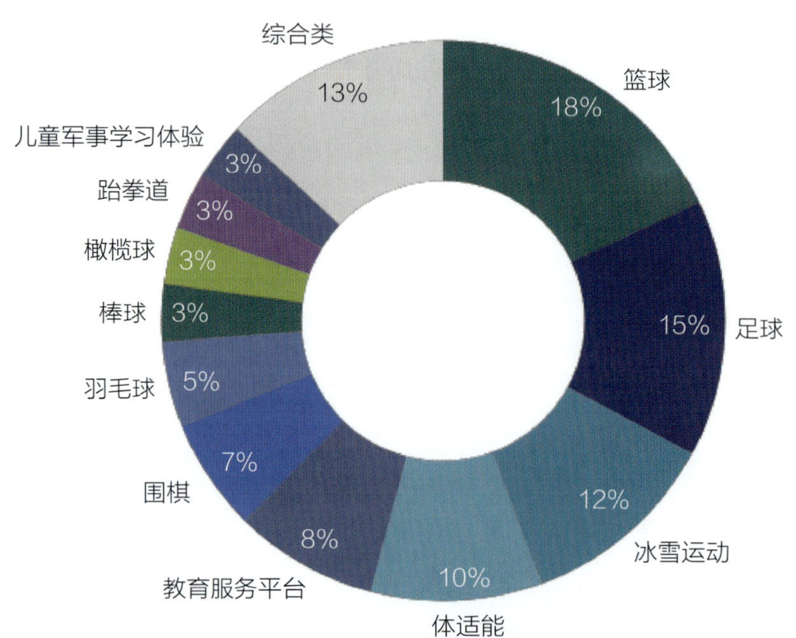

数据来源：前瞻产业研究院《2019年中国儿童体育培训行业市场分析》

高；用户角色分离（体验和付费），体验一般导致黏性不好；复购率低，单客户生命周期短；属地资源限制，异地扩张较难；优质教练员缺乏，尤其是跨界人才缺乏，既懂竞技体育，又有产业管理能力和参与能力的人才缺乏，给行业进一步发展带来较大阻力。

在消费者看来，体育教育机构也存在诸多不合理现象，如收费高、培训效果不明显、服务不规范、课程设计不合理等。

据国家统计局统计数据显示，2019年我国0～15岁人口数量约2.5亿人，庞大的人口基数决定了我国巨大的体育教育需求。此外，二胎政策的放开促进新生儿数量增长，新生儿数目的上涨将为未来体育教育带来人口红利。

据中研产业研究院发布的《2019—2025年中国体育培训行业发展趋势与投资战略研究咨询报告》显示，预计到2025年，体育教育行业的市场规模将达到2345亿元，整个体育教育行业的盈利达到245亿元。

无序竞争状况亟待改变，培训行业需融入整条体育产业链

趋势1：考试改革助推体教融合发展

2020年，教育部发布中考体育消息，明确表示学校的体育中考要不断总结经验，逐年增加分值，要达到与语、数、外同分值的水平，同时开展研究在高考录取中体育素养如何评价、如何计分。

中考体育培训大热

体育成为中考必考项目，对青少年体育培训产业产生了极强的政策引导属性，小型中考体育培训机构纷纷出现，不过目前市场上仍然没有大型连锁、标准化运营的体育机构，这与中考体育培训的模式以及市场发展不完善有关。由于入局门槛低，小规模培训机构缺乏标准化引导和规范化治理，课程良莠不齐，影响产业发展。

趋势2：体育教学专业化水平提升

青少年体育培训，并非只有提升身体素质一个作用，还可以提供更多机会表达个人情感，让青少年充分体验集体活动带来的愉悦，培养他们面对困难和失败的能力，让学员为未来的人生做好准备。

商业机构落地校园

越来越多的培训机构选择和学校合作，让体育培训作为“课外课”甚至是“必修课”进入校园。双方的合作方式灵活多样，部分选择“培训机构输出课程及教练，学校提供场地支持”的方式，还有的选择“双方共建校园培训体系，搭建U12梯队”等模式。

国际化落地教学

据不完全统计，已有拜仁、皇马、巴萨等多家俱乐部在中国开设足球学校，致力于青少年体育培训。此外，部分中小学引进国际知名足球俱乐部教练，搭建国际足球青训模式，通过先进的教学理念与模式，让青少年在更专业的培训体系下成长。

趋势3：培训机构持续增长，服务质量提升

统一化、标准化的培训或服务已经不能满足大多数消费者的需要，定制化、个性化服务更能获得消费者的青睐。

体育教育需要规范化运营、个性化发展

青少年体育培训标准越来越高，未来要投身青训，粗放的运营模式已难以应对

形势的快速变化，规范化运营才是主流，课程体系、运营体系、师资、赛事、场馆缺一不可。

此外，每个孩子的学习进度和阶段不一样，根据学生目前体质、水平情况制定个性化提升方案是未来发展的趋势。

目前，越来越多的体育培训机构可以针对个人的体能训练制订计划，匹配青少年发育周期；同时根据青少年成长需要，每一年甚至每个季度，安排不同的运动项目，不受场地、教练的局限。

趋势4：体教融合更受家长重视

受新冠肺炎疫情的影响，很多家长更加重视孩子的体育锻炼，根据孩子的兴趣安排不同的体育课外班。

随着社会发展，更多家长开始重视体育塑造人格的功能，体育教育将更加火爆，这也意味着家长对孩子的体育教育投入将更多。

五、体育制造篇

份额不容忽视，体育产业的“王牌军”

从体育产业内部结构看，体育用品制造业的总产出最大，长期占据体育产业份额最大的部分，称得上体育产业“王牌军”。

国家统计局发布的《2019年全国体育产业总规模与增加值数据公告》显示，2019年全国体育产业总规模（即总产出）为29483亿元，增加值为11248亿元。从名义增长看，总产出比2018年增长10.9%，增加值增长11.6%。从内部结构看，体育服务业发展势头增强，增加值为7615亿元，在体育产业中所占比重增加到67.7%，比2018年提高2.9个百分点。其中，体育用品及相关产品销售、出租与贸易代理规模最大，增加值为2562亿元，占全部体育产业增加值的比重为22.8%。

2019年全国体育产业状况

分类名称	总量（亿元）		结构（%）	
	总产出	增加值	总产出	增加值
体育产业	29483.4	11248.1	100.0	100.0
体育服务业	14929.5	7615.1	50.6	67.7
体育管理活动	866.1	451.9	2.9	4.0
体育竞赛表演活动	308.5	122.3	1.0	1.1
体育健身休闲活动	1796.6	831.9	6.1	7.4
体育场地和设施管理	2748.9	1012.2	9.3	9.0
体育经纪与代理、广告会展、表演与设计服务	392.9	117.8	1.3	1.0
体育教育与培训	1909.4	1524.9	6.5	13.6
体育传媒与信息服务	705.6	285.1	2.4	2.5
体育用品及相关产品销售、出租与贸易代理	4501.2	2562.0	15.3	22.8
其他体育服务	1700.2	707.0	5.8	6.3
体育用品及相关产品制造	13614.1	3421.0	46.2	30.4
体育场地设施建设	939.8	211.9	3.2	1.9

注：若数据分项合计与总值不等，是由于数值修约误差所致。

数据来源：国家统计局

多方分工协作，将体育用品送达消费者

由传统加工制造业发展起来的中国体育用品制造业，走过了从加工制造到创造的产业升级之路，目前通过工业4.0升级智能制造正在加快，通过设计创意升级、产品升级、功能升级、质量升级、技术升级、制造升级开启全新征程，通过实施“机器换人”以及采用智能化集成系统等改造建立数字化工厂，提高生产过程的数字化、智能化水平。

在设计研发环节，企业通过国际化设计与本土设计相结合，融合国际潮流和国内文化，推动产品更贴合本地消费者需求。

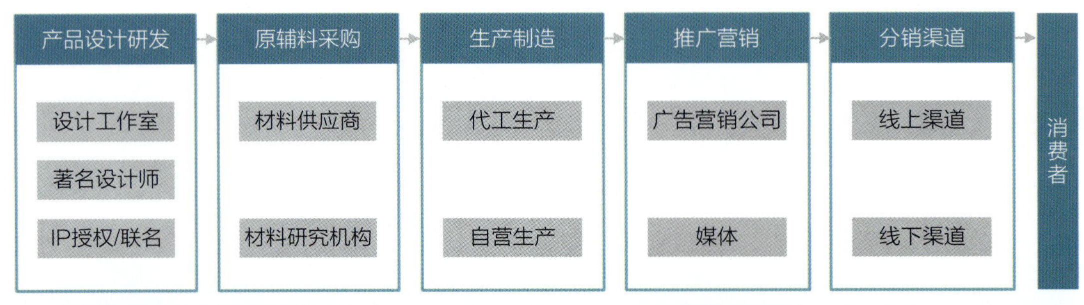

国内体育用品制造业发展迅猛

体育用品制造业，是指生产体育运动中适用的专门物品的企业的集合，主要包括体育器材、运动服装、运动鞋制造业等子行业，它是一个跨系统、跨行业的产业系统。

在全民健身和健康中国国家战略推动下，国家和地方层面陆续出台了一系列利好体育产业的政策性文件，激发整个体育用品制造业的市场活力。

根据国家体育总局发布的数据，2019年，我国体育用品制造业总规模和增加值都呈现良好增势。体育用品及相关产品销售、出租与贸易代理规模最大，总产值为4501亿元，增加值为2562亿元，占全部体育产业增加值的比重为22.8%。整个体育用品制造业已逐渐走出前几年的衰退期，整个行业逐步回暖。

体育用品制造业涵盖专项运动用品、

大众休闲运动用品和潮流创意产品三大领域。

在最为人熟知的运动服饰领域，前瞻产业研究统计数据显示，2018年我国运动服饰市场规模增长到401亿元，同比增长19.5%；初步预测2023年我国运动服饰市场规模将继续增长至658亿元左右。

国内体育服饰上市企业中，2019年安踏总体营收突破300亿元，发展势头十分迅猛；李宁凭借中国李宁系列的带动也突破百亿元大关；特步国际营收达82亿元，即将冲击百亿元大关；361度集团的营业额则达到了56亿元。

虽然2020年受新冠肺炎疫情影响，但体育用品企业正走出阴霾。2020年12月15日，舒华体育成功在上海证券交易所正式挂牌上市，是2020年首家上市的体育公司。舒华体育系运动健康解决方案供应商，主营业务为健身器材和展示架产品的研发、生产和销售。

体育用品消费基础扎实，年轻人对国产头部品牌更认同

2020年天猫“双十一”活动，运动品牌表现亮眼。截至活动结束，运动品牌累计创造了50亿元成交额，大部分品牌较上年都有较高增长。除此之外，健身器械、跑步机等居家运动器械也有明显增长，国人的健身热情和消费意愿不容忽视。

调查结果显示，30岁以上的人更青睐国际知名运动品牌，而30岁以下尤其是18~22岁的人群更偏好个性化，他们更认可国产运动品牌中的头部品牌，这对于想要进一步开拓年轻人市场的国产品牌来说，是一个机遇。

国潮的兴起，为体育用品制造提供了新方向。

随着国产品牌的崛起和对技术进步的重视，Z世代年轻人开始出现分化，他们不再完全追捧国际知名品牌，对国产品牌认同感相对较高。

近两年，无论是健身企业的新品发布，还是场馆运营商的用户运动体验打造，都离不开体育制造。

配合技术的发展，越来越多的体育用品制造商嗅到科技与体育的关联，利用科技提高用户对产品的体验与交互，从而提前布局，获得更大市场。

尼尔森2020体育消费调查分析显示，用户对体育用品排名前三位的性能需求为：拥有基础的防护功能、智能监测运动数据、监测数据并提出改进意见。这三点一是基于运动的安全属性考量，二是利用科技提高交互性，获悉反馈之后予以改进，从而提升运动效果。

通过调查也能发现，由于消费水平、运动偏好不同，具有体育运动偏好的消费者有更高的意愿为体育用品买单。体育用品消费与运动频率成正比。随着体育用户每周运动频率的增加，每增加一次运动约增加400元消费。

同时，女性平均每年在体育用品方面的消费为3789元/人，男性平均每年消费3132元/人。不难看出，女性不仅要锻炼出“健康美”，还要“美丽”地运动。

2019年体育产品消费品牌偏好 **样本量N=1008**

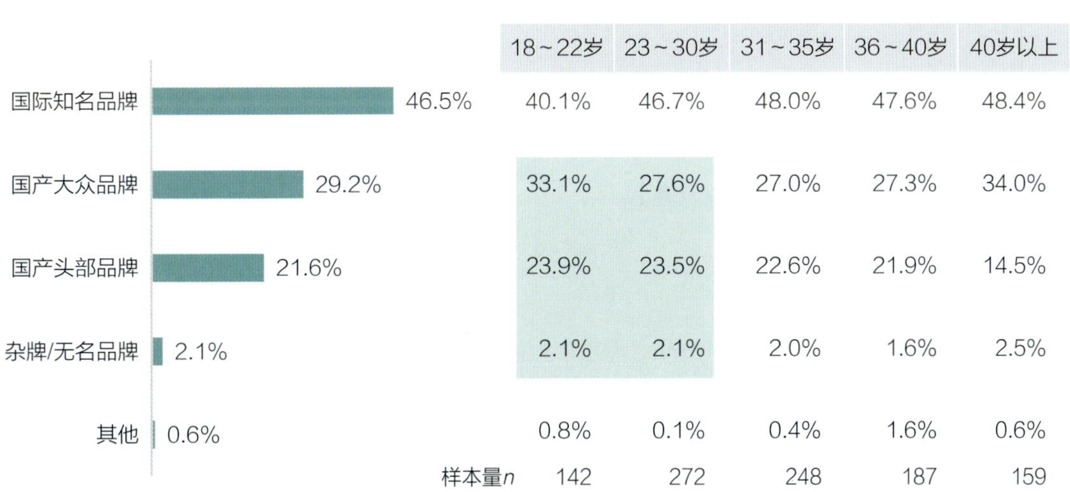

	整体	18~22岁	23~30岁	31~35岁	36~40岁	40岁以上
国际知名品牌	46.5%	40.1%	46.7%	48.0%	47.6%	48.4%
国产大众品牌	29.2%	33.1%	27.6%	27.0%	27.3%	34.0%
国产头部品牌	21.6%	23.9%	23.5%	22.6%	21.9%	14.5%
杂牌/无名品牌	2.1%	2.1%	2.1%	2.0%	1.6%	2.5%
其他	0.6%	0.8%	0.1%	0.4%	1.6%	0.6%
样本量n		142	272	248	187	159

数据来源：尼尔森2020体育消费调查分析

产品的内在科技发展与外在多元素的跨界融合

趋势 1：技术不断突破和创新

新材料研发

不同运动需要不同特性的材质。体育制造企业不断研发新型材料，努力使产品具有更好的穿着舒适性和运动效果。其中，匹克研发的智能自适应鞋中底科技“态极”、李宁发布的“李宁䨻”轻弹科技平台等，都吸引了大量用户关注，也在市场上收获了良好反响。

智能化技术运用

近年来，市场为每种运动提供了特定的可穿戴设备，从跑步或健身时的身体状况监测手环，到能够测量球速的运动球拍，乃至可监视高尔夫球挥杆动作的智能鞋或衬衫，都走入人们的生活，智能化技术不仅可以管理运动效率，还可以管理健康。

趋势 2：知识产权保护意识增强

品牌是公众对企业认识的基础。随着国产体育品牌的逐渐发展壮大，在全球范围内的商标申请使用、管理与维护、布局及遇到商标侵权行为后的应对等方面，国内品牌的应对已更为娴熟。

近年来，中国大力倡导创新创造，不断加强相关制度建设，创造公平竞争的市场环境。一大批以代工为主的体育企业开始研发自有技术、培育自有品牌，追求从“中国制造”向“中国创造”转变。

趋势 3：设计和营销走向时尚化、年轻化

跨界元素融合

中国制造配合中国潮流元素，让产品打上中国烙印。2020年上半年，在跑步、训练、篮球等品类零售流水下滑的情况下，“中国李宁”所处的运动时尚品类流水增加12%，该品类在整体零售流水中占比达到37%，是占比最大的品类。

为迎合年轻人的需求，运动品牌与动漫IP的跨界已成为大势所趋，例如安踏就与《龙珠超》联动，推出了联名系列产品，将动漫元素融入日常生活中。近年来，各品牌商也开始关注各类优质国漫，尝试开启更多的跨界合作。

趋势 4：场景 & 用户细分拓展

场景细分

传统运动不断细分，从基础跑步扩展到城市公园跑、马拉松和越野跑等。同

时，小众运动逐渐被熟悉和接受，如高尔夫、马术、冰雪运动等。另外，休闲潮流、极限运动发展势头迅猛，如滑板、街舞、跑酷等正越来越流行，带动了细分体育用品市场的发展。

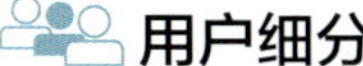

用户细分

随着女性对健康美的追求，越来越多的人选择适合自己的运动项目，各取所需，带动了对体育用品的专项需求，而对于美观和科技性的诉求，也因人而异，带动了体育用品针对用户进行细分。

六、体育场馆篇

构建商业化服务生态，赋予场馆新活力

场馆运营是体育产业链的底层基础要素，承载了整个体育产业中赛事、赞助、媒体等要素在场馆基础上的运营。

国家统计局发布数据显示，2019年我国体育相关基础设施建设蓬勃发展，体育场地设施建设实现增加值212亿元，现价增长速度达41.7%，占全部体育产业增加值的1.9%。

为适应现代商业化运营的需要，体育场馆在软硬件设施方面正发生巨大变化。新兴移动互联网、IT技术以及信息化系统等技术的运用，帮助传统体育场馆提升服务能力和服务效率，提升用户现场体验，降低服务成本。

体育场馆产业链图

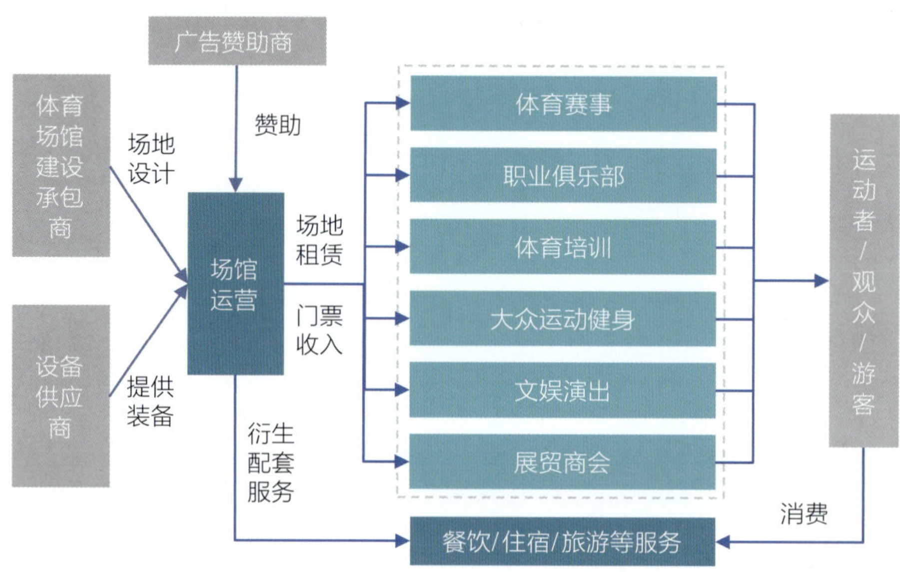

优化场馆利用率，提升场馆商业价值

第六次全国体育场地普查数据显示，我国共有大型体育场馆1093座，占体育场馆总量的0.6%，建筑面积占全部体育场馆总量的9.1%。其中，大型体育场292座，占大型体育场馆总量的26.7%；大型体育馆721座，占大型体育场馆总量的66.0%；大型游泳馆78座，占大型体育场馆的7.1%；跳水馆2座，占大型体育场馆总量的0.2%。

目前场馆运营痛点

在体育产业蓬勃发展的当下，大多数体育场馆依旧面临着各种运营困难与危机，运营模式、运营水平以及资金流转都大大影响着体育场馆的发展。目前我国体育场馆普遍存在商业化/市场化程度不高、运行成本高、运营水平低、专业性经营管理人才缺乏、场馆开放度/利用率不够、场馆规划建设与后期运营脱节、缺乏体育赛事支撑等问题。

《中国体育产业发展报告（2019）》显示，2015年，在291座享受大型体育场馆免费或低收费开放补助资金的场馆中，场馆平均收入209万元，平均支出255万元，平均亏损46万元，收不抵支、运营靠补贴是常态，年收入中还有相当一部分为财政拨款。

优化场馆利用率成为场馆商业化运营的主题

传统场馆运营主要以物业管理为主，围绕单一体育业态——出租场地，进行租赁与物业管理运营。整体模式单一，场馆利用率不高。随着社会化改革，场馆运营逐渐走向权益运营，将场地租赁、餐饮、娱乐、旅游等多种业态整合开发，进行资源权益运营。

在权益型运营思维模式下，商业化场馆拥有多种盈利渠道。一是与体育赛事组织、文化娱乐组织、文化商业组织以及其他活动组织合作产生的租赁收入和门票收入；二是与赞助商、冠名商等合作进行无形资产经营产生的无形资产收入；三是以提供多元配套服务产生的配套服务收入。

近些年来，国内体育场馆不断借鉴国外场馆发展优势，逐渐向专业化、丰富化、商业化发展，多业态的综合商业定位让体育场馆有了生存基石。

以上海梅赛德斯-奔驰文化中心为例，场馆方一直力促体育核心与商业核心结合，打造汇集主场馆、溜冰场、NBA互动馆、音乐俱乐部、商业零售、文化休闲娱乐区、影剧院等诸多业态在内的综合生态型体育场馆。

场馆收入的来源主要是冠名费、品牌方赞助费、82个包厢收入、其他场租费及配套服务收入，如零售店铺租赁、餐饮销售等。总体来看，80%的收入来自赞助和包厢，租金约10%。营业收入从2011年的1.37亿元增长到2017年的2.24亿元，净利润则从2011年的3028.59万元增长到2017年的8324.5万元。

场馆位置愈发重要，用户渴望观赛与娱乐同步进行

运动场与商业业态结合更紧

尼尔森2020体育消费调查分析显示，在统计到访体育场馆动机时发现，到访人群中，57%的人将场馆看作一个休闲放松场所，有48%的人因为专业化运动设施而去场馆。除此之外，有31%的用户被场馆配套餐饮/娱乐服务吸引，24%的用户因为参加场馆的展贸商会活动，22%的用户基于打卡观光目的到访场馆。整体来看，休闲娱乐需求达88%，高于体育运动需求的78%，这表明人们把去体育场馆当作一种新的休闲娱乐方式，一种释放压力、放松自我的选择。

同样，在统计不同类型场馆到访率时发现，商业体育综合体的到访率为75%，而专业体育运动场馆为56%，表明消费者更愿意选择能同时满足专业运动和娱乐需求的商业综合体。

以华熙LIVE・五棵松为例，华熙LIVE包括凯迪拉克中心、Hi-park篮球公园、Hi-ice冰上运动中心、M空间、Hi-up商业区五大业态。

华熙LIVE・Hi-up作为其中一部分，是汇聚餐饮、购物、文化体验、休闲娱乐、全开放式广场等为一体的商业区，为用户

到访体育场馆动机 **样本量N=1425**

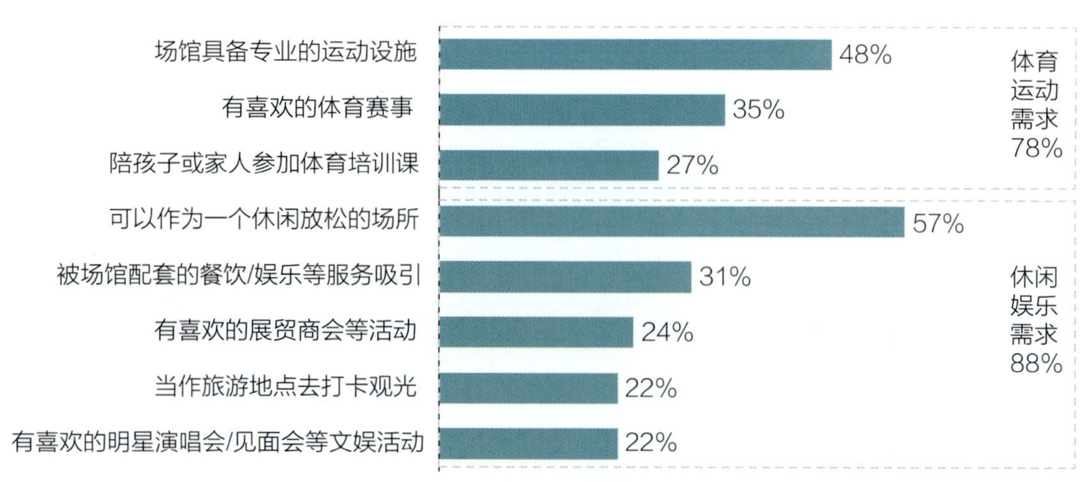

数据来源：尼尔森2020体育消费调查分析

提供了更多选择。

这种打破传统形式的全新商业模式场馆，吸引了大量消费人群，使得华熙LIVE·五棵松平日客流在1.5万人左右，周末日均客流超过2万人。

场馆地理位置成为最大痛点

统计不去收费型大型体育场馆的原因时发现，47%的用户是因为场馆离家远。

此外，因为票价过高不去的达26%，场地有限不好预约和场地环境不好也是用户不去收费型体育场馆的重要原因。

还有小部分用户表示，周边交通/停车不方便、场馆相关运动设施老旧是造成不去场馆的主要原因。

总体来看，地理便利性成为最大的痛点，在选好位置的基础上，评估票价、租金，改善停车状况成为运营的关键。

商业化运营大势所趋，科技助推场馆智慧化升级

趋势1：构建商业体育综合体

体育+商业综合体

一种是以体育馆+商业为核心，融合运动主题区+商业配套区，汇集全民健身、大众赛事、餐饮住宿、休闲娱乐等多种休闲业态为一体的体育商业综合体；另一种是以体育公园+商业为核心，配备餐饮、娱乐等全方位服务，满足市民休闲娱乐、运动健身的需求。

体育+旅游综合体

不仅具有体育功能属性，还兼具旅游属性与鲜明的地方特色。体育旅游小镇即是多元化融合了运动、观光、餐饮、住宿等的尝试。

体育+社区综合体

为满足人们在家附近进行健身的需求，场馆小型化、社区化也成为重要趋势，社区里规模适中的场馆开始增加。

以体育公园、商业综合体及品质住宅区三大空间载体为主的体育社区综合体，为消费者提供了休闲度假新场所。

趋势2：运营模式商业化

场馆投资+运营的混合模式

投资方不仅进行专业运动场馆的投资建设，还参与到场馆的运营中。场馆兼顾专业化体育需求与商业化需求，完整对标专业场馆技术水平，与城市交通线无缝对

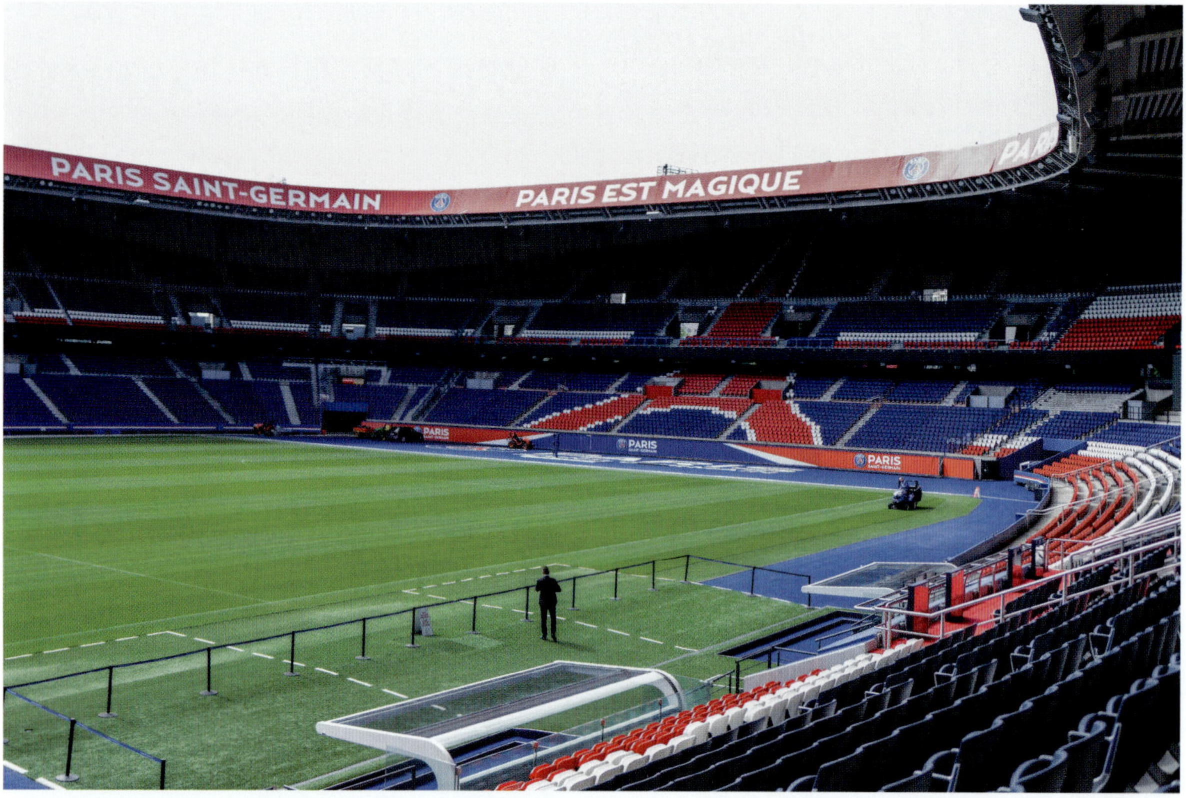
PARIS SAINT-GERMAIN
PARIS EST MAGIQUE

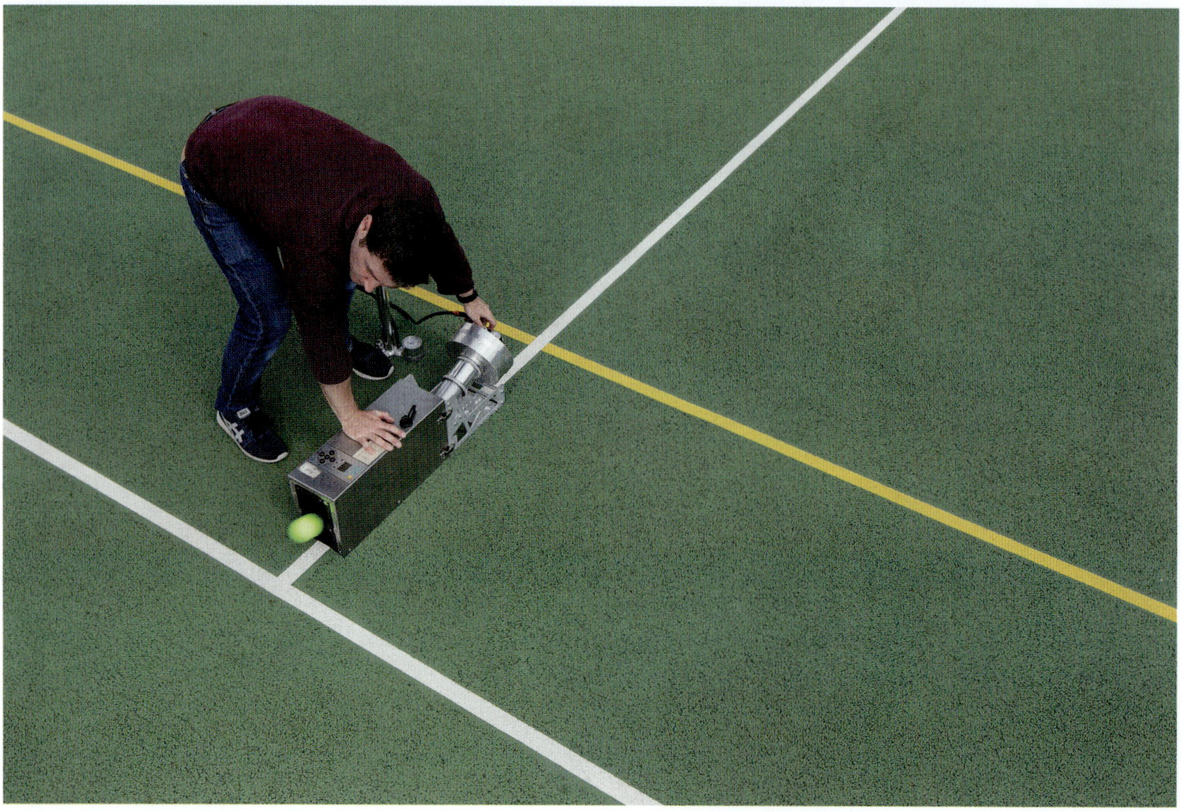

接，使得交通更便捷，满足多类型赛事、运动休闲、大型演艺、商业活动等功能需求，助力场馆良性发展。

商业规划 + 运营前置思维

体育场馆在建设之初，就对招商引资、规划设计、建设施工、业态联动、品牌推广、销售运营等进行系统化梳理、筹划，提前规避可能的风险，减少不必要的支出，推动场馆运营可持续发展。

趋势 3：场馆智慧化升级

“5G+”智慧场馆

随着5G自身优势及5G浪潮的不断掀起，5G技术也在尝试融入场馆观赛服务中，以5G+高清直播/点播、5G+AR/VR、5G+IPTV、5G+无人机等多种技术打造的“5G超级现场秀”，为观众提供沉浸式观赛体验。

智慧场馆提升用户体验

打造智慧场馆需借助智能设备、数字媒体、人工智能、大数据、物联网等技术，实现管理系统和用户体验服务的全面升级，通过AI智能前台、无人巡场、智能灯控、数据大屏等提高运营管理效率，以闸机面部识别、3D智能导航、智能导引停车、网上预订运动场地、智能健身器材等人性化服务，提升用户使用体验。

七、体育媒体篇

理性重估媒体版权价值体系

近年来，体育数字媒体行业迅猛发展，规模高速增长。国家统计局最新数据显示：2019年我国体育传媒与信息服务产业全年实现总规模705.6亿元，较2018年增加285.1亿元。

按媒体类型来看，传统媒体依然具有不可替代的作用和价值。另外，随着互联网的快速普及，也有越来越多的人习惯于通过移动端实时关注赛况。

2014年以来，各数字媒体版权平台在赛事版权上的争夺变得更加激烈，顶级赛事版权价格水涨船高，各平台都在争夺受众人群更广的足球、篮球赛事的版权运营，其中中超版权就曾卖出5年80亿元的天价。

从产业链角度看，媒体方从上游获取IP赛事版权和丰富内容，将内容传达给用户；同时，媒体不断完善体育版权，通过制作周边/衍生内容、用户社区构建、电商开发等方式，丰富版权内容布局，构建“产—播—销”一体化商业模式。

对消费者而言，媒体方是上游内容提供方，消费者通过购买会员的方式获取深度内容和更多权限；同时，媒体方作为内容运营平台，鼓励消费者生产原创内容，通过与内容生产方和内容受众建立双向互动，增加用户黏性。

同时，品牌商/赞助商借助媒体平台传递品牌信息或主张给受众，媒体平台从中获取广告收入。

体育媒体产业链图

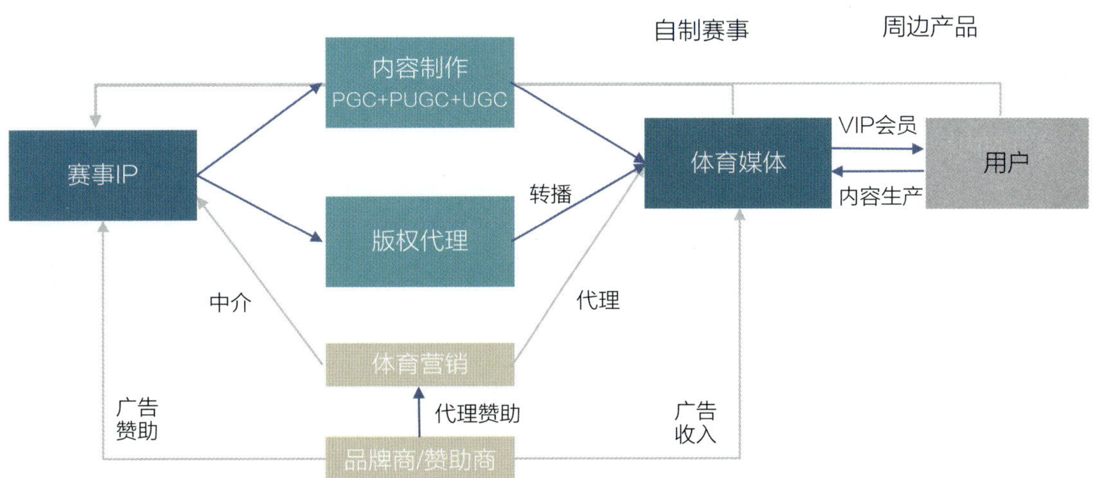

但会员费、赞助费及其他方面的收入都不令人满意，也远远无法弥补媒体平台在购买版权方面的高额支出。因此，各平台如今在购买媒体版权时，都更加理性，2020年英超、CBA等知名赛事IP的版权售卖就是证明。

全球体育版权市场正在走向下行周期，2020年新冠肺炎疫情更加速了赛事版权市场回归理性。无论版权方还是转播方，都不得不面对这个问题。当收入无法支撑高额版权费时，体育产业显然无法可持续发展。

信息爆炸的媒体环境下，抓住用户碎片时间才是关键

获取信息渠道灵活多样

此前，用户主动获取体育信息的主要来源是电视和门户网站。近年来，新的传播渠道大量产生，主流媒体受长/短视频媒体形式及社交媒体平台的分流明显，尤其是短视频。消费者选择媒体的类型更加分散，这一点在年轻群体中更加明显。

此外，消费者关注的体育信息类型丰富多样。调研数据显示：除了官方机构发布的信息，带有个人属性的信息来源也受到较高关注，如体育明星发布的社交媒体内容及网友自发讨论评论，大V或私人机构发布的内容等。

浏览体育内容的场景碎片化

随着生活节奏的加快，用户时间碎片化的割裂更加明显，更多用户选择在休息、空闲等碎片化场景下浏览体育内容。

尼尔森调研数据显示：仅有16%的用户会花费整段时间全面观看体育内容，剩余84%的用户则利用零散时间关注体育，其中有49%选择在饭后休息时浏览体育内容，还有相当比例的用户选择在睡觉前、工作间隙、吃饭时、上下班通勤过程中浏览体育内容。

这也为体育内容提供者带来启发，产出能抓住用户空闲时间的内容，向短视频化的方向发展已经成为一种趋势。

关注体育赛事的周边内容

除体育直播、转播外，简短的集锦、资讯、数据等也受到用户较高关注。

调研数据显示：用户关注的体育信息类型排名最高的是赛事直播/回放，比例达56%。其次，有53%的用户关注精彩集锦/现场花絮，52%的用户关注赛事动态/资讯，

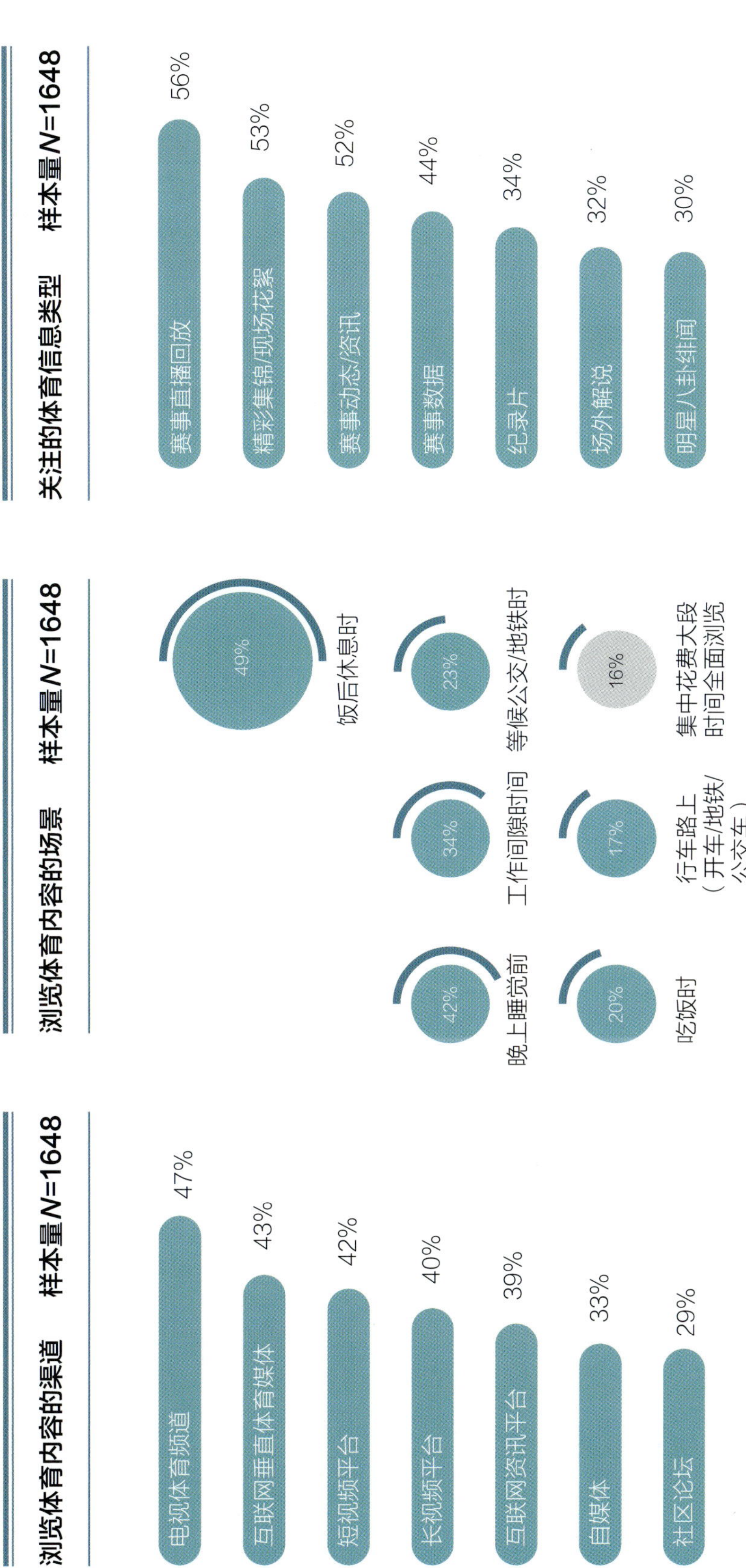

数据来源：尼尔森2020体育消费调查分析

44%的用户关注赛事数据。另外，有34%的用户关注纪录片，32%的用户关注场外解说，30%的用户对明星八卦绯闻感兴趣。

用户对周边内容显示出强大的兴趣和热情，为相关内容提供方提供了有益参考，使之可以提供用户更关注的内容。

从单一的专业媒体制作，走向多元化内容生产

从发展历程看，体育媒体发展与媒体发展路径几乎完全一致，都可以分为三个阶段：第一个阶段是以电视和平面媒体等权威媒体为主的传统信息单向传播时代；第二个阶段是以基于互联网产品的文字+图片+视频为主、以用户互动参与为辅的阶段；第三个阶段是基于移动互联网的专业媒体与用户生产、参与互动相结合的阶段。

在体育媒体的传播更倾向于移动端的情况下，无论用户身处何处，都可以在第一时间获悉赛况，并通过社交媒体分享、交流。这些分享和交流有时会成为新的新闻，成为二次传播的热点。人们的观赛方式更多元化，未来这一趋势将更加明显。

从社交媒体表现来看，微博是体育用户的头号聚集地，KOL账号中排名靠前的主要是垂直类媒体、专业解说/评论员；抖音近年来表现突出，用户基础庞大，体育明星账号和轻松搞笑账号更能吸引用户的关注。

新媒体时代打破了传统体育媒体的报道模式，越来越多的个人成为体育内容的产出者，并且在某些时候的影响力甚至超过了传统媒体。在这样的情况下，传统体育媒体也在积极主动推进与新兴媒体深度融合，譬如拓宽话语平台、跨媒介融合、提升话语质量、整合话语体系等，并取得了良好的效果。

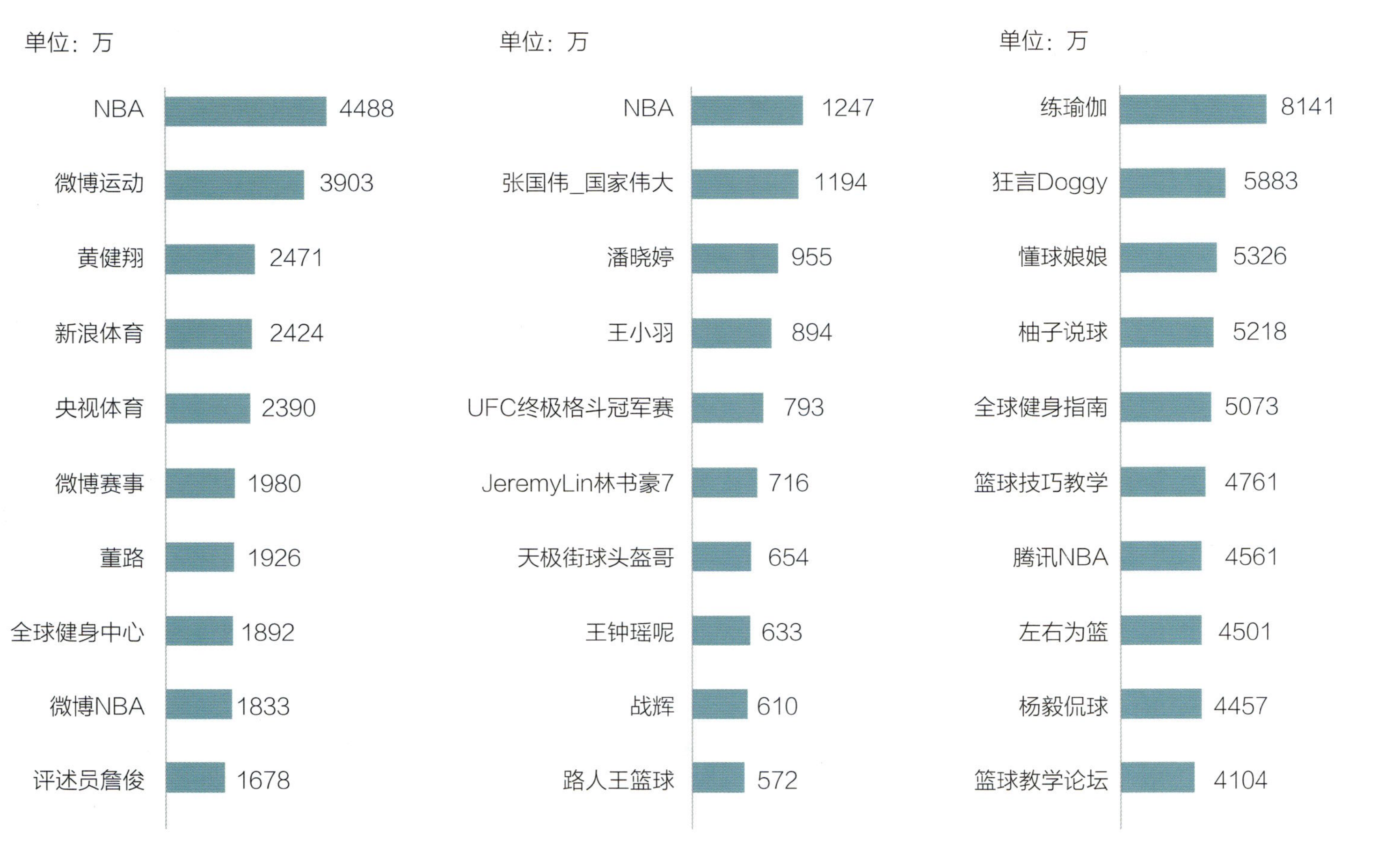
2020年微博体育KOL账号粉丝数TOP10
单位：万
NBA 4488
微博运动 3903
黄健翔 2471
新浪体育 2424
央视体育 2390
微博赛事 1980
董路 1926
全球健身中心 1892
微博NBA 1833
评述员詹俊 1678
2020年抖音体育KOL账号粉丝数TOP10
单位：万
NBA 1247
张国伟_国家伟大 1194
潘晓婷 955
王小羽 894
UFC终极格斗冠军赛 793
JeremyLin林书豪7 716
天极街球头盔哥 654
王钟瑶呢 633
战辉 610
路人王篮球 572
2020年微信体育KOL账号阅读数TOP10
单位：万
练瑜伽 8141
狂言Doggy 5883
懂球娘娘 5326
柚子说球 5218
全球健身指南 5073
篮球技巧教学 4761
腾讯NBA 4561
左右为篮 4501
杨毅侃球 4457
篮球教学论坛 4104
数据来源：新榜，2021年1月

技术创新增加变现途径，赛事版权议价空间变大

趋势1：技术创新优化用户体验

体育媒体正不断尝试新技术来增强观赛体验，譬如部署大批CDN节点同时接入，提供多种清晰度画面，提升播放流畅度；利用纠错技术和多转多发技术，降低整个信号传输过程中的花屏或者中断对用户体验的影响，保证用户在观看过程中不会卡顿；提供多角度选择，比如篮筐下方、左视角、右视角，让大家从不同角度观看比赛。

趋势2：开发创新互动功能

在产品设计上，增加包厢观赛、弹幕、衍生品购买等功能，让消费者实现边看边玩边买。另外，在直播过程中增加球迷参与环节，让直播更接地气、更有诚意。

在激励机制上，媒体开始更多尝试竞猜功能。每场比赛前，球迷都可以对当场比赛相关内容进行竞猜。这能帮助媒体激励用户深度参与，提升用户活跃度。2016年腾讯体育推出的“跑向里约”路跑活动，则以朋友圈关系为核心，衍生出包括组队PK、线上火炬传递在内的多种互动形式，激励用户，并提升用户参与感。

邀请体育明星入驻社区，并以高激励措施吸引大量KOL和自媒体入驻，同样可以提升社区互动度。

趋势3：传统媒体与新媒体积极融合

体育媒体开始重视短视频、社交化布局，强化对年轻受众的引流。

过去一两年，传统体育媒体以及其他互联网媒体纷纷入驻短视频、社交媒体等新媒体平台，转型向多种媒体形式发展。

传统媒体本身所具备的专业素质，可以让他们保证所提供内容的质量，但在何种内容可以吸引更多用户关注的尝试中，很多传统媒体尚处在摸索的过程中。

趋势4：赛事版权价格回归理性

疫情之下，体育赛事版权不再受热捧，在整体经济受影响的情况下，原来虚高的采购价格开始回归理性，体育媒体的议价空间更大。

版权大幅降价

在国内，体育媒体平台打开版权价格重新谈判的窗口。

CAM 2
CAM 3
CAM 5
CAM 6
New
HERE?
PREVIEW
PROGRAM

为了在保证继续合作和规避未来新冠肺炎疫情发展的不确定性风险，有赛事选择在新赛季开赛前大幅降价，以重新达成交易。腾讯体育接手英超2020—2021赛季转播权时，版权费用大幅度降低。

八、体育营销篇

体育营销助力体育IP实现商业化

围绕体育赛事IP构建起的体育产业链中，体育营销帮助体育IP实现商业化，深深影响着企业发展和品牌增值，尤其是国内赛事，目前体育营销仍是其收入的最主要来源。

作为品牌赞助方与赛事版权方、媒体联络的纽带，体育营销将品牌价值通过赛事和媒体传递给消费者形成印象，并最终转化为购买动力。

市场发展初期，不少体育营销公司主要依靠人际关系扮演中介角色，缺乏真正的专业营销策划能力。随着市场逐渐成熟，体育营销公司紧跟互联网步伐，持续提升专业策划能力，利用大数据将传统体育营销带向精准营销，实现从品牌曝光到品效合一的转型，为体育IP及品牌客户带来更为高效及优质的服务。

体育营销产业链图

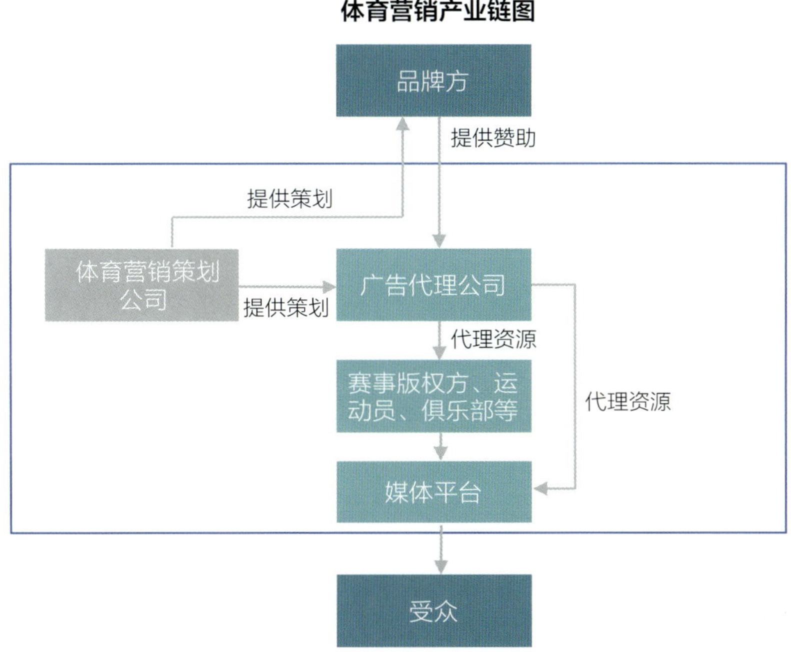

体育营销现状：传统行业存在感更强，各方积极应对奥运延期

金融、汽车成为体育赞助主力

传统上，金融、汽车、运动品牌是体育营销的主力。体育营销代理机构Two Circles的研究显示，2019年英国品牌在体育赞助领域的投资占比中，金融服务类占据19%，高居第一，汽车、航空紧随其后。

在职业体育更为发达的美国，体育赞助更为依赖传统行业，表现更为"极端化"。在美国2019年总计147亿美元的体育赞助总价中，金融服务和汽车占据一半以上，这几乎是全球体育赞助市场的固定格局。

而疫情带来的赛事停摆，并不意味着营销停止，品牌可以借助自身赞助标的，如运动队或运动员，同粉丝群体互动，提升品牌营销落地的实战能力。

随着体育营销的价值逐渐放大，国内很多消费品和新兴品牌也开始尝试体育营销，乳制品、食品制造、电子产品、互联网等品牌，与赛事、俱乐部或体育明星合作，开展各式各样的营销。

体育赞助价值得到认可

调研数据显示，84%的人群对开展体

育营销的品牌好感度有所提升，品牌实施体育营销的选择是正确且有效的。

体育营销的各类形式中，以冠名赞助的认知度与兴趣度最高，此外，品牌或产品的平面与视频广告、与IP主体合作开发联名产品、邀请体育明星为品牌代言效果也较好，超过50%的受众都对这些形式有所认知，并且表现出较强兴趣。排名最低的营销形式是邀请赛事IP主体参与互动活动。

奥运延期影响品牌营销收益

2020年初，不少国际性和全国性体育赛事均因疫情而延期或取消，东京奥运会也推迟举办，这是新冠肺炎疫情影响全球体育赛事的一个标志性事件。

对体育产业链上的直接相关企业而言，东京奥运会延期举办最直接的影响，就是门票、转播、旅游、餐饮等一系列收入受损。

对于品牌赞助商来说，东京奥运会的推迟，也使公司原有关于奥运营销的计划需要重新制定，多家赞助商正积极调整体育赞助策略，如果因为疫情原因奥运会要空场比赛，原本以线下现场比赛为基础的营销逻辑，则只能转到线上。

体育营销形式认知与偏好 **样本量N=1582**

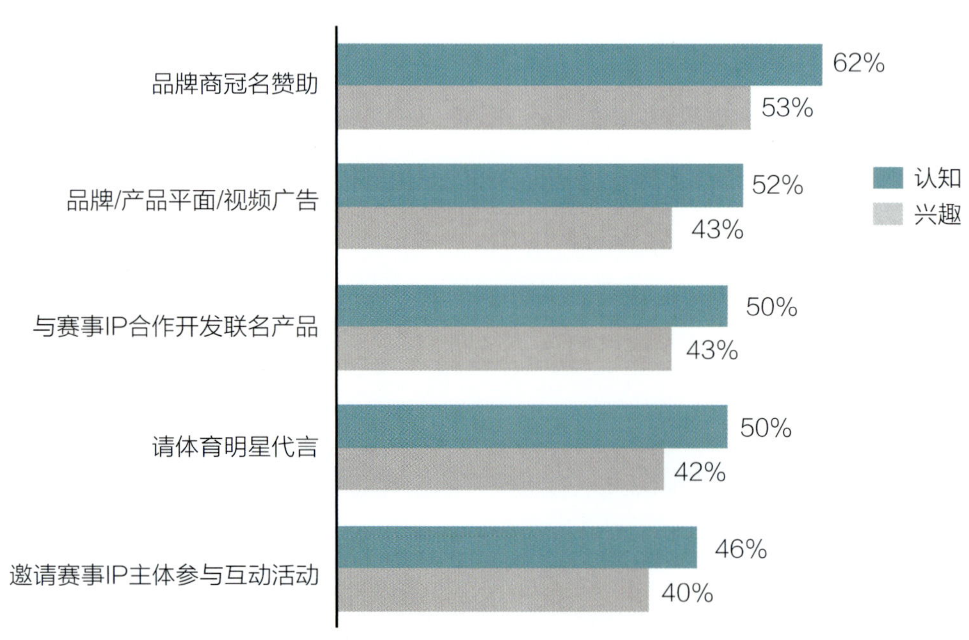

数据来源：尼尔森2020体育消费调查分析

BMX

体育营销需先找准用户，营销方式亦非一成不变

趋势 1：建立精准人群画像

品牌想获得理想营销效果，需要准确识别产品的目标受众。只有明确产品自身属性和针对人群，才能找准用户。

品牌可以从已有客户中，提取各种属性标签，包括基本特征、社会特征、行为特征和消费特征等，从而了解用户特点及其对产品的卖点需求，形成用户群体画像，再通过地域定位、人口定位、兴趣定位等人群标签，可以准确识别、触达目标人群。

海信从2016年成为欧洲杯56年历史上的第一位中国赞助商，到2018年在俄罗斯世界杯上大放异彩，它借助足球进行全球营销，基于前期进行了大量调研，得出了欧美足球的关注人群正是海信相关电子产品重度用户的结论，借足球“出海”，事半功倍。

趋势 2：营销数字化，指标可量化

快速更迭的数字环境促使品牌主推出更加新颖与高效的体育营销形式，同时可量化的营销成果也成为品牌方的核心诉求之一。

一方面，搜索类、视频类平台与社交媒体是品牌主与代理商最有效的付费数字渠道。通过数字化线上营销活动，品牌主可以进入多种类型线上平台，触达不同受众，助力品牌体育营销。

另一方面，数字化环境也诞生出可量化的营销指标——比赛上座率、观众规模、浏览量、评论量与销售量等，全方位立体化衡量体育营销效果。

趋势 3：营销模式短小化

互联网竞争下半场的关键点，是如何争夺用户的碎片时间，“微”经济的成功已经暗示了这一点。

体育营销的模式未来也将变得短小化，广告会变得更加短小精悍，仅表达产品最为突出的某个特点，要让人过目难忘。

体育营销也需要更注重对时间的把控，不过多耗费用户时间与精力的体育营销方式，会成为营销亮点。过去通常采用的长时间广告轰炸，效果其实并非最好。

趋势 4：公益化的营销动机

品牌主在体育营销中加入公益元素，可以丰富品牌形象，体现品牌社会责任与价值贡献。

体育赛事也是公益营销的载体，在赛事中加入公益的元素，将使观众与选手、赛事主办方与赞助方达到共赢。

出于环保考虑，消费者正有意识地改变消费习惯，这意味着品牌的环保属性将变得越来越重要。

品牌正在考量赞助是否符合他们未来的方向，可持续性越来越成为赞助主张的核心。过去5年，环保属性更强的体育赛事，受到了更多品牌的青睐，拥有可持续发展资历的版权所有者，例如国际奥委会和E级方程式，已经看到了投资的大幅增长。

趋势5：讲好品牌故事

人人都喜欢好故事，好的品牌故事可以让消费者产生信赖感，提升对消费者的吸引力，使之愿意付出更多关注，进一步转化为消费意愿。

如果在体育赞助中，你不仅仅是希望让人关注到你的品牌，那么你所讲的故事就必须有创造力，并且激动人心。

法国队赢得俄罗斯世界杯冠军后，赞助商利用法国人的狂热，启动了其“We won it in France”的营销活动。故事简单而精彩：世界杯冠军不是在俄罗斯赢的，是在法国赢的，是在法国的球场和街道上赢的，正是在这些地方——马赛、里昂和巴黎郊区，法国的世界杯冠军们，如姆巴佩和博格巴等人，开始了他们的足球生涯。所以，这个冠军属于所有的法国人。

2

体育产业的外延价值

一、体育 + 城市篇

政府支持＋体育产业发展＋社会参与，助力城市更新升级

作为赛事的举办载体，国内各城市一直积极响应国家号召，举办各类赛事，如北京马拉松、上海F1中国赛、武汉网球公开赛等，通过赛事为城市注入活力。

综合来看，城市的体育活力体现在政府支持、体育产业发展和社会参与三大维度。

政府支持主要指国家与地方政府对体育产业的政策支持和经费支持。

体育产业发展由场馆/俱乐部建设情况（如城市体育场馆数量、承办赛事场馆比例等）、赛事举办情况（如赛事类型、办赛数量、参赛人数等）和对体育人才的吸引展现。

社会参与通过全民参与度（如观赛人群规模、体育旅游人数、赛事讨论热度等）来体现，各界人士参与其中，呈现蓬勃发展新局面。

近年来，国家主推“新型基础设施建设（新基建）”，也为体育行业带来了新机遇，不少城市开始兴建体育场馆、体育主题公园，通过新基建打造智慧场馆、智慧公园，成为一个突破口。尤其世界大赛相继落地中国后，体育场馆的建设和改造工作被提上日程，除了场馆基础功能的扩

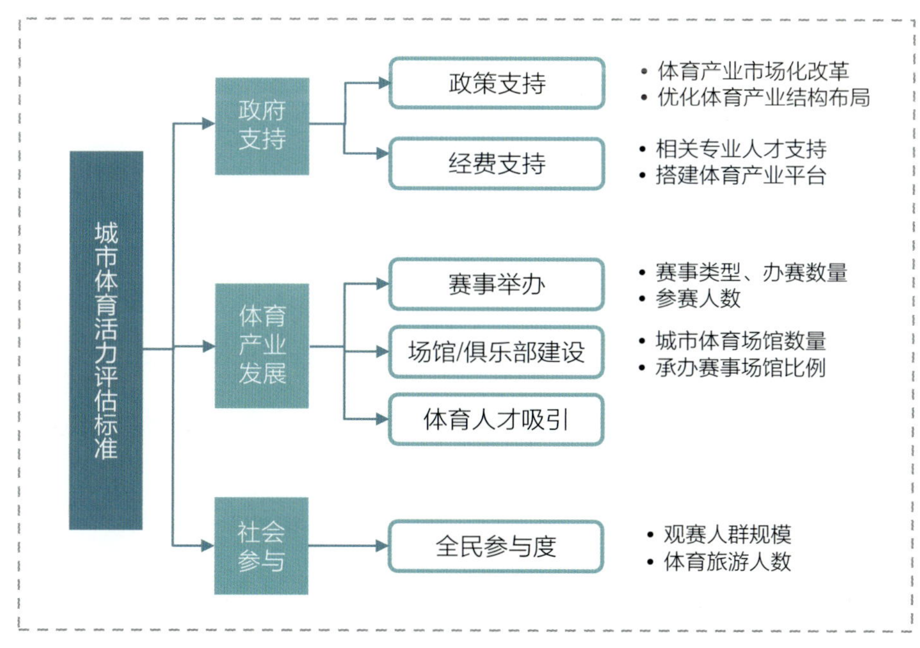

建、改造升级，智能化、数据化的加持也成为各体育场馆全力打造的新方向，最终助力城市更新升级。

尼尔森调研数据显示，提到具有鲜明体育特色城市时，北京位居榜首，提及率为66%，其次是上海，提及率为60%。

上海希望提升城市活力。2020年10月，上海市人民政府办公厅印发《上海全球著名体育城市建设纲要》，其中提出到2035年，要迈入更高水平全球著名体育城市行列。

届时有关全民健身方面，需要做到体育活动成为人人参与的生活习惯和生活时尚，人均体育场地面积达到3平方米，每万人拥有体育健身组织35个，城乡居民达到《国民体质测定标准》合格以上的人数比例维持在97%以上。

鲜明体育特色城市榜单　样本量N=2008

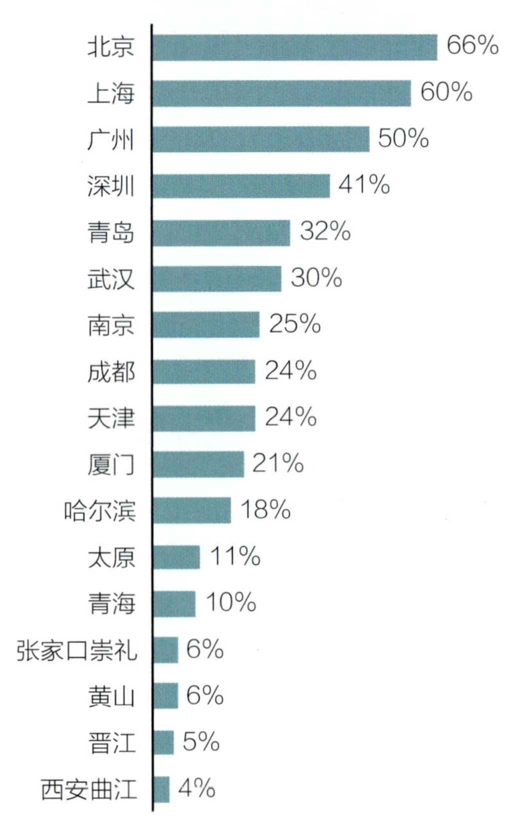

数据来源：尼尔森2020体育消费调查分析

体育带动城市经济发展

体育比赛对举办城市各行各业都有不同程度的促进作用，尤其是对经济的作用更为显著。不仅奥运会、世界杯等大型体育比赛对城市经济发展有深远影响，小型比赛如马拉松、自行车赛等，也能在一定程度上推动经济发展。

总体来看，体育赛事的举办离不开城市场馆、交通等基础设施的建设，有效提升了城市风貌与地方文化特色。如北京投资1800亿元进行2008年奥运会142个项目的重点建设，青岛市为了奥运会帆船比赛顺利举行，在建设铁路、提升通信、改善环境等方面投资200多亿元。

体育赛事本身的影响力以及运动员的

超高人气，不仅会有众多品牌商进行商业赞助与合作、媒体报道为赛事做良好传播，还会吸引大量来自世界各地的观众走进城市，进而带动城市餐饮、住宿、商业、旅游、体育用品等产业的发展，增加消费需求，提高消费力度。

《2019年上海市体育赛事影响力评估报告》显示：2019年上海ATP1000网球大师赛，拉动上海直接消费11.64亿元，带来间接经济效益39.23亿元，其中餐饮1.09亿元、住宿2.54亿元、交通5.43亿元、旅游1.37亿元、购物/零售4.91亿元、休闲娱乐5281万元。

另外，赛事的筹备、举办也促进了就业，提供更多工作机会，为促进社会和谐发挥积极作用。

F1上海站比赛期间，除了使上海获得巨大经济效益，每年还能提供1万多个工作岗位。

举办场地作为消费中心，周边地产也会得到一定的促进发展，基建、商场、公园等配套设施都需要营建。

杭州自从获得亚运会主办权后，城市影响力不断提升。至2019年，亚运村区域房价不断上涨，成交量也不断上升。2019年4月，成交量一度达到1.5万套，成交均价同比涨幅56.5%，约为同期杭州全市平均房价涨幅的2倍。

体育引领健康快乐的生活方式

体育促进了城市经济发展，融入了城市生活，引领人们开启健康、快乐、积极的生活方式。

知名度很高的群众性赛事，可以为人们传递健康的运动理念，增强民众对体育的认识与理解，有利于全民健身的推广与民众体质的提升。

城市马拉松作为全民可参与运动项目，不断扩大影响力后，会吸引越来越多的人参与其中，展现年轻活力风貌。像上海、厦门等城市，已经开始以上海马拉松、厦门马拉松等知名度很高的赛事为抓手，引领民众更多参与到运动中来。

以上海为例，上海市路跑协会创新办赛理念和形式，根据赛事标准，将所注册赛事分为4个类别，上马系列赛、半程晋级赛、计时挑战赛及大众健康跑，跑友可凭借低级别赛事中的优异表现，获得直通上海国际马拉松赛的名额。

和上海马拉松一样，厦门马拉松同样面临中签率低的烦恼，每年厦马的中签率只有10%左右。为了让更多市民参与到全民健身运动中，厦门马拉松赛每年都会举办鼓浪屿早餐跑、亲子跑、摄影大赛等配套活动，让更多市民能够参与到运动中来。

不只马拉松，越来越多的地方开始将

体育融入城市的基因中。新疆阿勒泰地区雪季长达7个月，有“中国雪都”之称，滑雪是当地的传统体育运动。

为了将滑雪运动传承下去，阿勒泰市将滑雪课纳入中小学课堂，同时，当地将军山滑雪场还开设滑雪技巧课，学生出示学生证就可以免费接受专业教练指导。更为重要的是，虽然阿勒泰是一座总人口不到20万的城市，但其优秀的滑雪资源却吸引了数以万计的滑雪爱好者前去体验，为城市带来了可观的经济效益。

东北地区的滑雪旅游产业代表性更强，先有万达打造长白山滑雪度假区，后有万科开设吉林松花湖滑雪度假区。《2020—2026年中国滑雪场行业市场现状调研及未来发展前景报告》数据显示：2019年黑龙江省滑雪场有124家，占全国比例的16.1%；吉林省滑雪场有45家，占全国比例的5.8%；辽宁省滑雪场有38家，占全国比例的4.9%。

2019年，吉林省滑雪人次为215万人次，占全国滑雪人次的10.3%；黑龙江省滑雪人次为186万人次，占全国滑雪人次的8.9%；辽宁省滑雪人次为67万人次，占全国滑雪人次的3.2%。

多管齐下，打造城市体育名片

体育对城市的价值不仅体现在经济推动带来健康生活，还逐渐成为能体现城市特色文化、展示城市风貌、塑造城市形象的一大助力。越来越多的城市开始打造自己的体育名片。

搜索指数显示：城市马拉松的搜索热度排名中，厦门马拉松搜索热度最高，搜索指数达到675。这与厦门马拉松优美的赛道、专业又贴心的比赛设计、高标准的赛后服务等都密不可分，收获了品质的口碑。排名第二位到第五位的分别是上海马拉松、无锡马拉松、哈尔滨马拉松和杭州马拉松。

精品马拉松赛事是顶尖跑者角逐成绩的赛道，也是众多长跑爱好者享受挑战的乐园。

在滑雪热门目的地搜索热度榜中，东北地区的滑雪场因其运营时间长，且当地民众有滑雪传统，目前仍在规模、热度上占据一定优势。借着2022冬奥会的东风，外加当地居民生活水平的提升，北京、张家口崇礼地区的滑雪场，近年来的发展势头也十分迅猛。

城市马拉松搜索热度榜TOP10

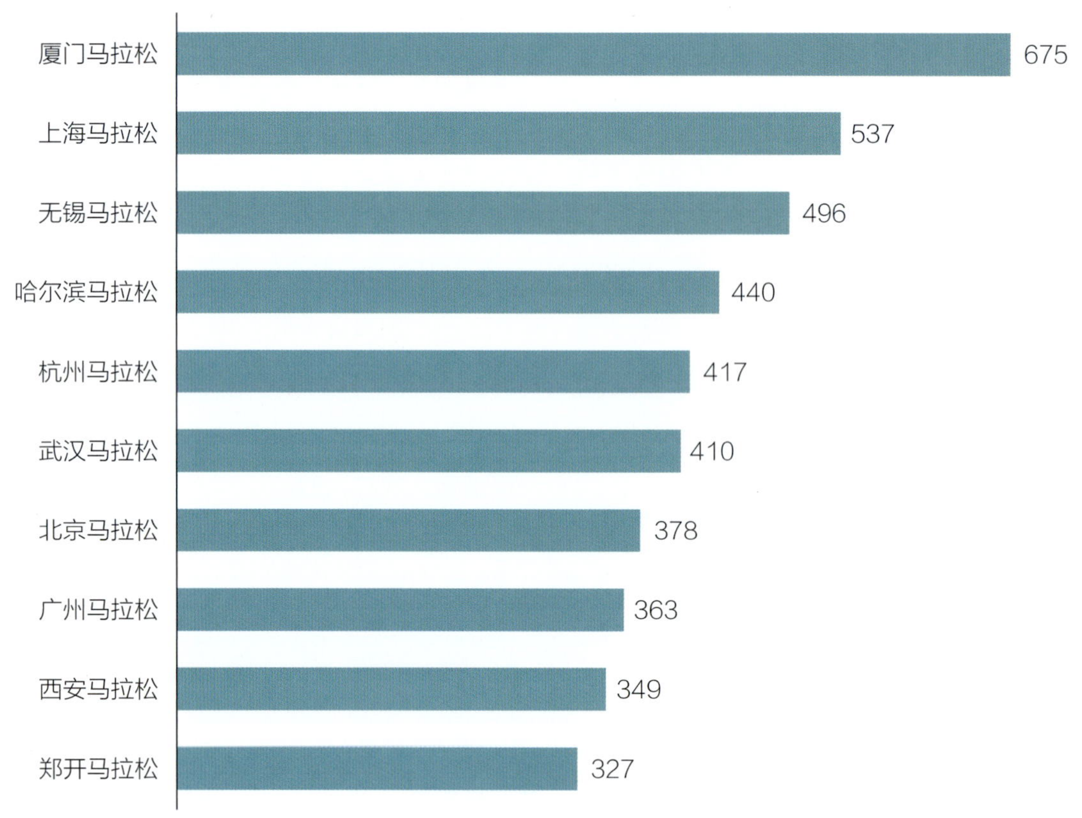

数据来源：搜索指数

借力冬奥会，崇礼完成从贫困县到体育小镇的蜕变

崇礼隶属河北省张家口市，冰雪资源丰富，雪季积雪厚，存雪期长（达140天），可滑雪面积大（达300平方千米）。

2003年，崇礼作为一座不足12万人的小县城，因滑雪逐渐被国内外熟知。2015年，崇礼因自身地理位置优势与冰雪资源优势，成为2022年冬奥会滑雪项目举办地，政府为此投入巨资打造造雪系统及配套雪道。2016年崇礼撤县设区。2019年，崇礼彻底脱贫，从贫困县发展成为体育小镇。

崇礼融合体育、文化、旅游三大元素，积极塑造城市新形象，打造城市新名片。

城市基础设施建设方面，崇礼大力进行交通体系建设和场馆建设，目前已新建2条高铁、1条高速公路、3个交通枢纽，融入北京一小时经济圈，连接内蒙古与北京。改建2个场馆，新建4个新场馆，搭建2个临时场馆，建成7大滑雪场，其中4个位列全国前10。

在整治城市生态环境方面，不断进行城市绿化，新增造林72.3万亩，城市森林覆盖率从52%上升到67%。

崇礼还积极发展旅游经济，全面完善旅游配套设施，打造多业态旅游模式。引进国际一线酒店品牌，到2022年，将建成四星级及以上酒店21家，其中五星级酒店9家。旅游模式也从一季游发展为四季游，从运动游发展为旅居游，从观景游发展为休闲游、疗养游的多业态景观。

此外，崇礼全力打造冰雪产业链，发展赛事、培训等核心产业并输出冰雪文化。近些年崇礼承办了多项国际国内冰雪赛事，改扩建崇礼高原训练基地、建设国内首家冰雪和冬奥主题博物馆、开展崇礼雪季冰雪嘉年华活动，宣传冰雪文化。

不断提升的知名度与滑雪产业的快速发展，吸引了大量游客到访崇礼。2014—2015年，崇礼雪季游客量达167万人次，崇礼雪季旅游综合收入达11.7亿元。2018—2019年，崇礼雪季游客量已达272万人次，较2014—2015年增长63%，雪季旅游综合收入达到20.3亿元。

二、体育+科技篇

体育赛事痛点，激发科技创新四大应用场景

降低运动员受伤风险

篮球运动员在扣篮过程中容易受伤，NBA利用高延展性材料和定压装置等新技术，设计出“180度活动弹性篮筐”，与普通篮筐不同，弹性篮筐能在正面提供弹性，同时两侧也具有一定程度的拉伸性，篮筐可以顺着球员扣篮的力道向下转动，起到缓冲作用。使用新式篮筐可以减少球员手部的伤病，保护球员安全。

同样，橄榄球运动员在比赛中激烈对抗，容易造成脑震荡，为此NFL设计了防护效能更高的橄榄球头盔。

提供精准判罚依据

足球场上，球是否越过门线常常成为争议焦点。2014年巴西世界杯，国际足联首次采用了GoalControl-4D门线判别系统，辅助裁判判定球是否完全越过了球门线，系统的精度在毫米以内，通过使用该系统，极大减少了误判率。

乒乓球赛场也是如此，2019年国际乒联总决赛首次引入视频回放技术，也就是球迷们口中的“鹰眼”，该技术已经普遍运用于网球等赛事中。目前已经确定，2021年东京奥运会将首次在乒乓球赛场使用视频回放技术。

快速评估运动员训练效果

运动员在训练过程中，常常由于状态不佳而影响训练效果。随着科技发展，可穿戴技术已经融入运动生活，帮助球员实现更好的训练效果、提升比赛水平。

在足球训练项目中被广泛运用的高科技背心，它拥有四个处理器，集成了GPS、加速度计、陀螺仪、数字指南针、心率监测器等传感器，可监测并记录球员训练时的详细数据。教练通过这些数据，可分析球员的身体状况及表现，从而定制更好的训练策略。

保证运动员安全参赛

F1对装备要求很高，目前已对赛车进行数次改造升级。例如，某品牌对新车的驾驶响应进行升级优化，使空气动力平衡系统与控制系统间实现无缝衔接，对车辆侧滑角控制系统进行优化升级。得益于此，电子控制系统可相互配合，最大限度提高进入弯道时的驾控灵敏性以及出弯时的牵引力水平。

此外，2018年开始全面应用于F1的Halo系统采用钛合金材料，重量约7千克，可承重12吨，为车手提供充分的头部保护。

科技推动体育发展，并与其高度融合

新一代通信传输技术打通高速通道

5G应用范围越来越广，如国内第一个5G全覆盖马拉松/越野赛、全球首个5G滑雪场、全智能无人体育卖场，随着5G的逐渐普及，未来将会看到更多应用场景。

未来体育通信传输将连接赛场与用户、运动员与数据库、体育终端与虚拟现实等，合力推动体育产业全面升级。

依靠大数据与云计算提供集成化服务

体育数据的采集早已实现并广泛应用，例如在购票环节，应用程序可使用大数据和云计算技术来识别球迷最喜欢的球员和球队信息，为他们提供票务服务。

未来，大数据业务的重心将转向数据的筛选、整合及深度加工，并最终形成可辅助运动决策的有效信息。

与人工智能、物联网等前沿科技紧密融合

目前，一些体育赛事行业的参与者正在以聊天机器人的形式试验人工智能，这样可以更好地为客户服务，同时吸引更多人群加入。此外，从搜索比赛到购买门票再到赛事本身，AI和物联网正在改变体育行业。

未来，人工智能在赛事、训练、健身、康复场馆等方面的应用将会更加广泛，并将和物联网结合，形成一体化的人工智能系统。

通过新型材料研发提高性能

由于复合材料具有重量轻、强度高、加工成型方便、弹性优良、耐化学腐蚀等特点，在体育领域的热度可谓越来越高。每一项重大竞技体育的成绩突破，都离不开高新材料器材的使用。

未来材料研发将进一步向高性能、低耗能、轻量化方向发展，并将开拓多功能材料，更加注重生物技术、材料与智能化的结合。

三、体育 + 电竞篇

中国电竞产业发展现状

大众认知度提升

2002年之前，大众对于电子竞技的认知还处于普遍排斥阶段，2005年，李晓峰以Sky的名字在WCG上夺冠，电子竞技开始走入大众视野，但仍不被主流认可。

2015年后，移动互联网人口暴增的红利为电竞带来了空前的新生力量，直播行业的兴起也丰富了观众参与赛事的方式，电竞开始登堂入室，逐步得到社会认可。

尼尔森调研数据显示，超半数受访人群对电竞持有正面评价，其中24%人群认为参与电竞可以为国争光，25%人群认为电竞是正规职业，28%人群认为电竞具有对抗性，与传统电子游戏不同。

商业化变现提速

电子竞技依赖于手机、计算机等硬件设施，所以参与电竞赞助的品类以手机、计算机等电竞周边的电子产品为主，比例高达31%；其次是食品饮料等出现频率较高的日常消费品，占比13%。

与此同时，电竞人群对于品牌与电竞的合作态度也非常积极，89%的人群表示会支持与电竞合作的品牌。

大众认为电竞与游戏的区别 **样本量N=2008**

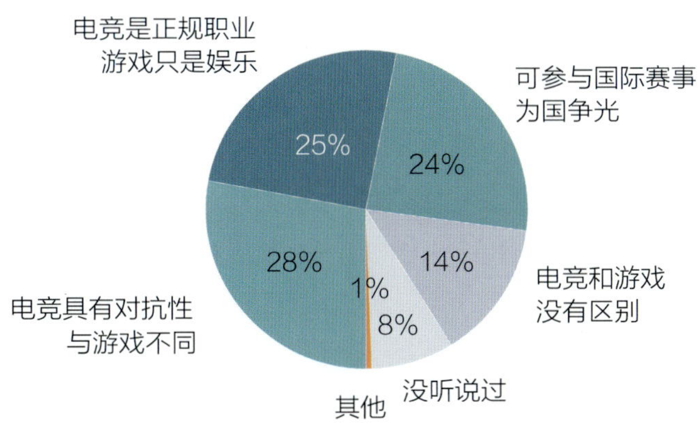

数据来源：尼尔森2020体育消费调查分析

用户广泛关注电竞头部赛事

电竞成为年轻一代最喜爱的娱乐社交方式之一，也最能体现年轻人特质。电竞人群中，超过80%的年轻群体更喜欢电竞相关内容，而非传统体育。

目前电竞职业赛事分化十分明显，头部联赛牢牢占据头部流量，整体认知度达60%以上，重大赛事相关事件已能引起极大舆论讨论声量。电竞选手也积累了强大人气，TOP10选手中，英雄联盟选手占据绝对优势，整体讨论热度远超其他电竞选手。

城市支持电竞产业发展

腾讯电竞发布的《2020年全球电竞运动行业发展报告》显示，全球疫情的大背景下，中国电子竞技产业凭借数字体育优势，首次超越北美，成为最具商业价值的电子竞技市场。

越来越多的城市争当电竞之都，愿意投入更多的财力和人力，支持整体的电竞产业生态在当地成长。

西安、上海、海南、北京等地，皆出台了相关政策，扶持电竞产业。

2019—2020年电竞赞助品牌数量占比

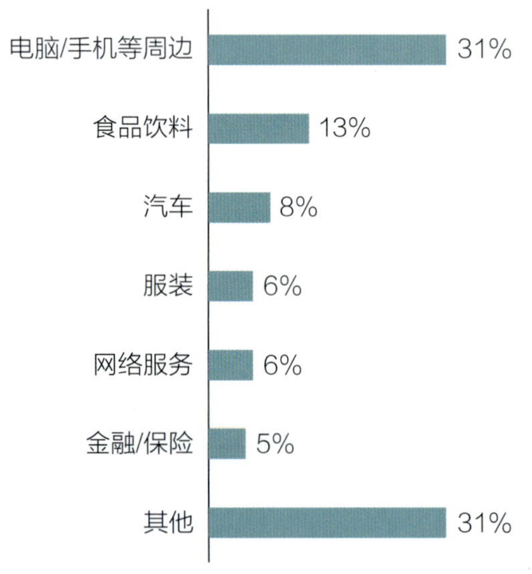

数据来源：
尼尔森体育《2020年电竞商业洞察报告》

2019—2020年电竞选手搜索热度TOP10

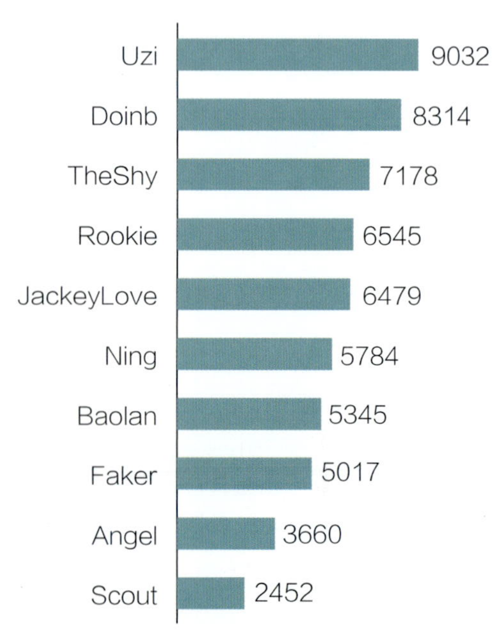

数据来源：搜索指数

传统体育赋能电竞

借鉴赛制催生比赛悬念

随着电竞产业的不断发展，参赛队伍越来越多，比赛强度越来越大，赛事亟须通过赛制升级来更有效地实现“扩容”，而最好的“老师”无疑是和电子竞技属性最为相近的传统体育，尤其是篮球、足球、网球这种高度职业化的竞技体育项目。

传统体育赛事对电竞赛制的影响方面，电子竞技效仿NBA东西部分区制、世界杯赛制等推出电子竞技职业赛事制度，此外还有部分电竞赛事综合了网球公开赛的赛制，将传统体育赛事的赛制精髓融于己身。

借鉴赛事，省去摸索的时间，电竞可以直接将最精彩、刺激的比赛带给观众。

联盟化运营保障公平与竞争性

作为国内电脑和移动端最具影响力的职业电竞联赛，英雄联盟LPL和王者荣耀KPL率先开始了自身的联盟化尝试。

电子竞技联盟效仿传统体育联盟的模式，启用名额审核，并整合次级联赛组成发展联盟，取消顶级联赛升降级的同时鼓励战队组建发展联盟二队。与此同时，地域化主客场制度也在多城市同步实行，国内电竞赛事运营模式就这样开启了一扇新

的大门。

电子竞技赛事也效仿国际成熟的传统体育赛事，采取“工资帽”“收入分享”“转会制”等制度，实行财务公平政策，规范各俱乐部的财政管理，保障赛事的公平性与竞争性。

电竞产业链上下游的匹配

电子竞技比赛的运营模式在职业战队、赛事制作方、媒体、赛事播放平台、经纪公司等各个环节都与传统体育的运作模式极为相像。

上游：内容授权。主要由游戏研发商构成，借鉴体育赛事IP开发及权益分销经验，将游戏App塑造成赛事IP，并通过内容授权等来加强顶级电竞赛事设计。

中游：赛事内容制作。效仿传统体育的赛事运营、俱乐部管理以及商业开发经验，构筑中游产业，包括赛事组织、管理和内容制作等，具有强大的内容变现空间。

下游：传播平台。采取类似传统体育直播、转播、相关内容制作等进行传播。

传统体育与电竞相互赋能，获大众普遍认可后前景可期

趋势1：电竞赛事加快体育化进程

电竞体育化，并非组建一个NBA一样的商业体育联盟，而是借鉴传统体育的发展方式，将电竞自身特点发扬光大，电竞和传统体育要做到和而不同，完成与社会、企业和大众在各个环节的结合。

落地城市，强化粉丝认同：电竞IP在不同城市建立主场，从“东西对决”到“四城对决”，强化与粉丝的联系。

线下场馆建设激活周边生态：建设集研发、传播与战队于一体的电竞小镇，深度开发电竞周边生态。

打造队伍标识，赛事对抗升级：电竞IP打造主场守护文化，战队与传统文化结合，打造文化标识。

电竞从线上走到线下，会带来线下的

权益赞助、门票等商业价值，以及篮球、足球等专业赛事的组织方式和资源协调管理能力，打造互联网时代竞技体育的全新形态。

趋势 2：传统体育拥抱电竞

世界范围内，顶级职业联赛布局电竞领域屡见不鲜，越来越多的顶级联赛希望通过电竞吸引年轻人的目光。一般来说，大型体育赛事是一场赛场内外的狂欢，其产业链完整、影响力广泛，电竞赛事也开始朝这一方向发展进化。

电竞是脱胎于游戏的市场推广手段，但目前已经从厂商绝对主导的阶段，进化到了自成一套的生态体系。

同时，不少俱乐部也开启了对电竞的探索。例如NBA休斯敦火箭队、金州勇士队与克利夫兰骑士队纷纷组建电竞战队。足球方面，国外的俱乐部如巴黎圣日耳曼、曼城、巴萨，国内的广州富力、长春亚泰等，都已拥有自己的电竞战队。

趋势 3：大众对电竞接受度提升

2018年，有6项电竞项目登上了雅加达亚运会的舞台。2022年杭州亚运会上，电竞成为正式比赛项目。

经历了雅加达亚运会两金一银、IG夺冠、上海成功举办S10总决赛等一系列电竞重大事件后，社会大众对电竞的认知度和认可度都得到了明显提升。

年轻人对电竞项目的关注度甚至超过了许多传统体育赛事，电竞正成为新的潮流。借鉴传统体育赛事走入校园、走入企业、走向街头，以激发和增强影响力的经验，电竞正逐步打造以校园赛、企业赛、城市赛等为基础的业余电竞赛事，将众多爱好电竞的人聚集在一起，激发大众的电竞激情。

四、体育 + 娱乐篇

以体育为主题的娱乐节目百花齐放，篮球是主流

凭借着综合化的节目形式、多元化的节目内容以及轻松快乐的娱乐精神，国内的体育电视娱乐节目从兴起到兴盛，迅速在综艺节目中占据一席之地。

统计数据显示，目前国内社交媒体声量最高的体育娱乐节目中，以篮球元素为主的节目最多，包括《我要打篮球》《超级企鹅联盟》《这！就是灌篮》《篮板青春》等，因为篮球是一项对抗性强、比赛话题性强、门槛较低、明星参与可能性更高的运动。

借助北京2022年冬奥会的东风，冰雪类综艺也开始上榜，《大冰小将》即是其中翘楚。此外，一些小众运动因为其惊险、刺激的运动过程，也是娱乐节目的首选，譬如《夏日冲浪店》《极限17》等。

值得一提的是，综合性运动的娱乐节目因其跨度较广，项目丰富，可以容纳许多娱乐明星参加，也吸引了众多关注。

例如《超新星运动会》，节目中包含了各类运动项目，让近150位在各领域小有成就的“超新星”们集体跨界成为运动员，打造了一场大型跨界体育赛事。其传播的体育正能量吸引了大众特别是年轻群体关注体育赛事，传播体育精神，投身体育运动之中。

体育与娱乐：双向促进，共同发展

趋势 1：体育为娱乐注入正能量

以《超新星运动会》为例，从鼓励年轻人奋发向上、“生而为赢”的口号，到训练过程中处处强调的“超越自我”，再到“哪怕比昨天提升一小步都是进步”的正向价值观，都在向大众传递竞技体育中最积极的精神所在。

根据尼尔森调研数据显示，62%的受众对综艺节目中融入体育元素表示感兴趣并乐于观看；61%的观众观看后认为娱乐节目也可以兼具趣味性和专业性，并且能在其中感受到体育竞技精神。这也显示了体育为主题的娱乐节目未来仍有较大发展前景。

观看体育娱乐节目后的影响

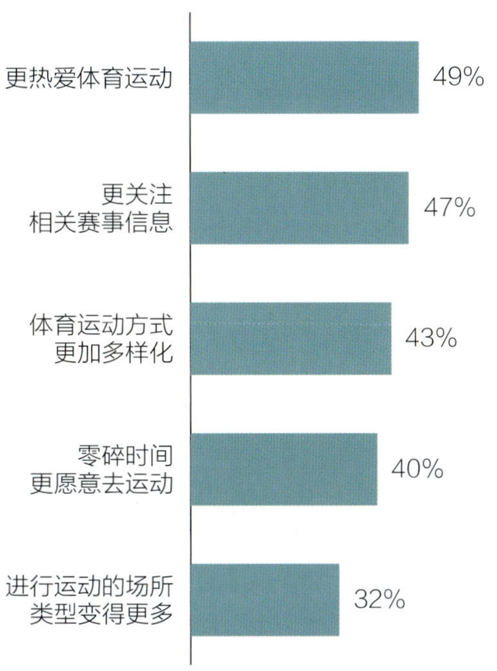

数据来源：尼尔森2020体育消费调查分析

趋势2：更多角度展示娱乐明星

娱乐明星参与体娱节目，不仅吸引不同人群的关注，而且让受众看到娱乐明星更多、更积极的一面。

尼尔森调研数据显示，49%的人认为娱乐明星展现出前所未有的体育精神，展示出他们阳光的一面，能够帮助娱乐明星破圈，更能借助体育素材获得更健康、积极向上的人设，从而吸引更多粉丝。

在《超新星全运会》上，杨超越在射箭比赛预赛成绩不佳的情况下，凭借超强心态和稳定发挥，最终收获一枚银牌，展现出她坚韧的一面，也让她的商业价值获得进一步提升。截至目前，杨超越已经拥有包括乐事、和平精英、芙丽芳丝、MG、七度空间等品牌在内的多项代言。

趋势3：娱乐促进体育普及和发展

体育+娱乐形式的节目，借助本身赛事IP价值，普及体育赛事竞技项目的基本规则和知识，弘扬体育运动与体育竞技精神。

互动性和娱乐化推动体育融入民众的日常生活。体育娱乐的发展让更多的小众项目更接地气，互动参与人数增加，除了带给观众美的视觉享受和轻松愉快的观赛体验外，也能激发观众对体育的热情，让更多人走上运动场、参与体育活动，把体育精神传递给更多人。

尼尔森调研数据显示，49%的人在观看节目后更加热爱体育运动，还有40%的人在零碎时间更愿意去运动，这些变化都显而易见。

五、体育＋潮流篇

Z世代引领潮流发展，成为潮流消费主力

近年来体育与时尚不断融合促进，时尚人群开始关注健康和运动，运动人群也更加注重生活化的时尚，大家会精心挑选一些比较时尚的运动服来搭配，催生了对体育潮流文化产品的消费需求。同时移动社交网络的盛行，让大家热衷在社交网络上展示自己的时尚运动穿搭，这些趋势和风潮越来越多地在互联网上流传。

路透社的数据显示，2017年全球潮流市场规模达到2000亿美元，与2015相比，增长了122%。尼尔森数据则显示，中国2017年潮牌的消费增速达到62%，是非潮牌增速的3.7倍。

潮流消费用户画像

潮流消费用户年龄分布

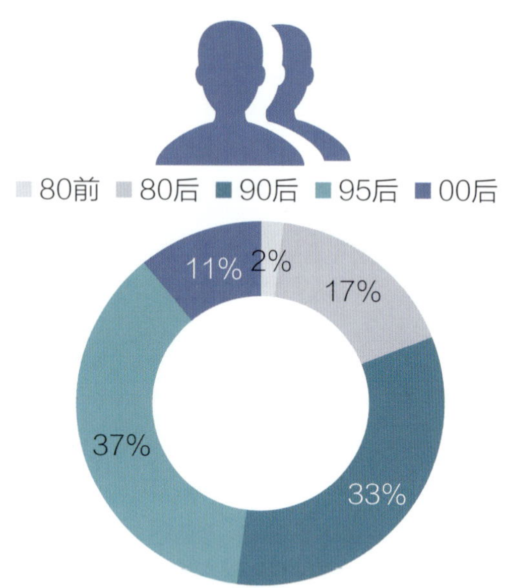

数据来源：《2019中国潮流消费发展白皮书》

体育相关穿搭潮流兴起

Z世代成为当代潮流消费的主力军，《2019中国潮流发展白皮书》显示，90后、95后与00后是潮流市场的主力军，消费规模达到80%。

20世纪90年代至2010年诞生的Z世代，可以通过互联网轻松了解到潮流文化的历史和现状，这也是促使他们成为当代潮流消费主力的基础。

潮牌发展的内在逻辑：潮流与体育运动密切关联，多项环节不断赋能

社交媒体大数据显示，在潮牌社交媒体声量中，体育鞋服类用品制造商仍然占据了头部位置。体育运动品牌的潮化过程，通常是体育文化和其他群体不断融合延展的过程。

极限、街头运动催生潮牌

体育潮牌的诞生，往往是依托某项新兴的极限运动，聚集了喜欢此类运动的达人，甚至是充满街头文化的时尚人士，渐渐形成代表当地街头文化，特别是极限运动文化精神的街头潮牌。

体育明星和娱乐明星引领风潮

获得小范围认同的体育潮牌，逐渐赢得一批运动明星甚至娱乐明星的热捧，依托明星的影响力，体育潮牌迅速扩展到更广泛的地区和用户群体，成为潮人们喜爱的品牌。

跨界合作赋能潮牌提升影响力

体育潮牌的影响力不断向外推进，包括与潮流设计师、时尚设计机构或其他潮牌进行合作，推出联名产品，给每款潮品注入独特的元素、故事、细节，并通过体育明星场上场下的秀展，甚至娱乐明星的穿搭示范，吸引潮品收藏玩家、实战党和资深粉丝的狂热追捧。

部分体育潮牌还走入音乐节、文化节甚至时装周，将体育与文化结合，赋予品牌文艺范儿，加强潮人的归属感和认同感。

THRASHER

体育运动品牌的潮化路径

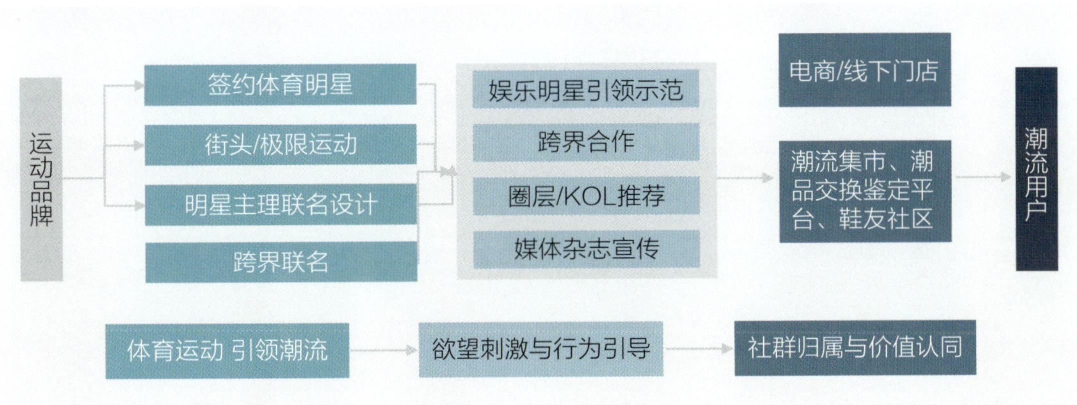

无内核无潮牌，名人带动成潮牌最佳推手

趋势 1：品牌内核越来越重要

潮牌可塑性强，拥有历史底蕴和文化内涵的品牌将更具竞争力，相比年轻品牌有更好的故事性和组合性，同时系列和款式的延续性在品牌风格打造中更具影响力。

趋势 2：多元跨界联名

运动逐渐突破圈层障碍，实现圈层泛化，体育人群与其他兴趣标签人群重叠组合，体育与时尚、电竞、动漫、音乐、奢侈品等领域的跨界将更为广泛。

趋势3：社区成为潮流文化传播的重要阵地

潮流化成为一种生活方式，越来越多的人对潮流有新的见解，并通过潮牌消费彰显自我个性、分享美好生活方式，他们对潮流产品形成更高认同，并逐渐形成潮流用户的集散地和社区，能更好地助推精准营销。

趋势4：名人带动跟随式购买

名人、线上KOL等的专业性以及对身边人群的影响力，可以提高品牌曝光率，广泛吸引粉丝购买，拉动粉丝经济，成为运动潮流引领者和潮流用品的最佳推手，从而获得更多潜在客户。